养老机构

服务质量日常监测指标操作实务

YANGLAO JIGOU

FUWU ZHILIANG RICHANG JIANCE ZHIBIAO CAOZUO SHIWU

主　编◎胡丁捷　郑爱芬

主　审◎张　凡

中国劳动社会保障出版社

图书在版编目(CIP)数据

养老机构服务质量日常监测指标操作实务/上海申福养老产业服务中心组织编写. -- 北京：中国劳动社会保障出版社，2020

ISBN 978-7-5167-4437-6

Ⅰ.①养… Ⅱ.①上… Ⅲ.①养老院-服务质量-监测-研究-中国 Ⅳ.①D669.6

中国版本图书馆 CIP 数据核字(2020)第 082969 号

中国劳动社会保障出版社出版发行

(北京市惠新东街 1 号 邮政编码：100029)

*

北京市艺辉印刷有限公司印刷装订 新华书店经销

787 毫米×1092 毫米 16 开本 16.25 印张 270 千字

2020 年 6 月第 1 版 2021 年12月第 5 次印刷

定价：86.00 元

读者服务部电话：(010) 64929211/84209101/64921644

营销中心电话：(010) 64962347

出版社网址：http://www.class.com.cn

内容简介

本书依据国家和地方相关技术标准，从上海地区养老服务需求和养老机构发展实际出发，兼顾国际先进管理理念和上海养老机构现状及特点，以服务质量提升为导向进行编写。本书涵盖了养老机构的服务提供、服务保障、服务安全三大方面的质量监控要点，是对上海市民政局发布的《上海市养老机构服务质量日常监测指标》的解读，包括 90 项指标的监测目的、监测方法、监测要点和监测要求，以及实施监测所涉及的参考资料、管理制度等，涵盖面广，内容丰富。

本书可以作为养老服务从业人员的培训教材和学习参考书，也可以作为养老服务机构内部管理、质量监控、工作考评和制度建设的工具书，还可以作为从事养老机构服务质量监测评价应用的指导书。

序

中共中央总书记习近平在2016年12月底主持召开的中央财经领导小组会议上提出了“提高养老院服务质量，加快建立全国统一的服务质量标准和评价体系，加强养老机构服务质量监管”的要求。

2017年，民政部等部门启动实施了为期四年的全国养老院服务质量建设专项行动，推出了提升养老机构服务质量的系列举措，开展的大检查、大整治工作取得了初步成效。与其他行业相比，养老服务行业还缺少一个现场、日常、动态的监测方法。因此，以国家和上海市的服务、安全等标准为基础，开发一套现场可查可验的指标就十分必要了。

为了让从业人员把握服务质量工作的要点、实现风险管控，上海市民政局组织专家并吸纳一线工作的相关人员，对照国家和本市相关技术标准和要求，从服务提供、服务保障、服务安全指标中筛选出了可以现场查验的90项指标。2018年，上海市民政局从上海16个区的各种类型养老机构中抽取了200家，对养老机构服务质量进行了动态监测，验证了指标与监测方法的可靠性、实用性。2019年，上海市民政局又对部分指标进行了完善，形成了《上海市养老机构服务质量日常监测指标》，对全市已执业的养老机构进行全覆盖的服务质量监测，并将结果统一向社会公布。上海市民政局在国内率先探索推出了养老机构服务质量日常监测和评价机制。

养老机构服务质量日常监测指标是促进养老机构服务质量提升的一种有效的手段和方法。这里所说的手段是从政府监管的角度去看的，日常监测是事中、事后监管的手段之一，而方法是从养老机构日常工作角度去看的，就是让养老机构能够掌握日常服务管理活动中的要点和风控点。两者是外因和内因的关系，不可偏废，齐抓共管才能发挥作用。促进养老机构服务质量提升的手段和方法有很多，还有行政检查、质量认证、等级评定、信用分级、满意度测评等，各有侧重、相得益彰，构成了养老机构服务质量综合评价体系。

对一个养老服务基层工作者来说，有一本好的作业指导书非常重要。作业指导书不是从理论到理论，而应该是在专家的指导下，让一线人员去讲自己做过的事，再经过总结、归纳、提炼，形成一本来源于实践且高于实践的操作手册。《养老机构服务质量日常监测指标操作实务》就是一本面向养老机构一线、由一线人员参与编写的作业指导书，推荐给致力于养老机构服务质量建设的工作者。

养老机构服务质量提升是一个系统工程，需要多措并举地持续抓下去才能见效。质量监测是其中的一个有效方法，需要更深入地探索和总结。本书的编写是一个尝试，日常监测的指标、方法等都要在应用中不断充实和完善。各位读者既是本书的使用者，也是养老机构服务质量的推动者。让我们共同努力，为养老服务高质量发展贡献一份心力。

前　言

近年来，养老机构的服务质量已经成为社会公众关注的热点。国家和地方发布了国家标准 GB 38600《养老机构服务安全基本规范》、GB/T 35796《养老机构服务质量基本规范》、DB31/T 685《养老机构设施与服务要求》。上海市民政局发布了《上海市养老机构服务质量日常监测指标》，旨在推动养老机构服务质量监测机制建立健全，使服务质量监测指标更为科学统一。本书编写组在上海市民政局养老服务处的指导下，顺应形势，历时两年，组织了上海地区养老服务资深专家编制了与之配套的《养老机构服务质量日常监测指标操作实务》，为养老服务从业人员提供一本可用于指导操作实务的工具书。

《养老机构服务质量日常监测指标操作实务》由上海申福养老产业服务中心组织编写，编写组成员（按姓氏笔画排列）如下：孔秀兰、陆美玲、陈方、郑爱芬、胡丁捷、姜洪英、徐筠、奚士英、唐凤娟。

《养老机构服务质量日常监测指标操作实务》汇集了广大资深业内工作者的经验和智慧，倾注了编撰者的睿智与心血，在此表示感谢！希望关注养老服务发展和从事养老机构服务工作的人，都能通过操作实务为养老机构的服务专业化、标准化发展而努力；也希望通过本书抛砖引玉，使更多的行业指导书籍问世。

目　录

第一篇　服务提供

第二篇　服务保障

第三篇　服务安全

第一篇 服务提供

一、确定服务内容

• 掌握入住老年人的照护情况

监测目的

熟知照护等级、照护风险点、照护内容。

监测方法

现场询问：（护理员）对所照护老年人的照护等级、照护风险点、照护内容的熟知情况。

监测要点

1. 照护等级。
2. 照护风险点。
3. 照护内容。

监测要求

1. 照护等级

照护等级可分为轻度、中度、重度三个等级。

护理员应知晓所照护老年人的照护等级。

2. 照护风险点

常见照护风险点包括噎食、食品药品误食、压疮、烫伤、坠床、跌倒、他伤和自伤、走失、文娱活动意外等。

（1）熟知照护风险点。

（2）掌握所照护老年人现有的照护风险点。

（3）密切关注所照护老年人新的照护风险点。

3. 照护内容

日常照护内容包括进食、修饰及洗浴、穿脱衣、排泄如厕、移动、压疮护理、物品整理、巡视、用药、膳食、洗涤等。

（1）知晓应为所照护老年人提供的照护内容。

（2）针对不同的照护等级采取督促、部分帮助、完全帮助三种不同的照护方式。

二、日常照护

（一）掌握进食（饮水）过程中的主要管控要点

监测目的

保证进食（饮水）过程中的安全。

监测方法

现场查看：喂食（喂水）操作。

现场询问：（护理员）老年人进食（饮水）过程中的主要管控要点。

监测要点

1. 进食（饮水）体位。
2. 进食顺序。
3. 进食（饮水）温度、量、速度。
4. 关注咀嚼和吞咽功能状态。

监测要求

1. 进食（饮水）体位

（1）自主进食（饮水）

①坐位（包括轮椅坐位）：身体向前微倾。

②床上体位：取舒适体位。

（2）喂食（喂水）

①坐位（包括轮椅坐位）：身体向前微倾。

②床上坐位：取舒适坐位。

③半卧位：将床头摇起，抬高至与床平面成30°~45°（如床头无法摇起，则用枕头、靠垫等支撑老年人背部）且使老年人面向护理员。

④侧卧位：将床头摇起，抬高至与床平面成30°（或肩背部垫枕头、靠垫等），协助老年人侧卧且面向护理员。

2. 进食顺序

汤或温水→固体食物（饭、菜）→汤或温水。

3. 进食（饮水）温度、量、速度

（1）进食（饮水）温度

①根据不同的季节，食物（水）温度要适宜（45~50℃）。

②食物温度测试方法：护理员取少量食物滴在手腕内侧皮肤上，以感觉温热、不烫手为宜。

（2）进食（饮水）量、速度

①自主进食：小口进食，细嚼慢咽后再吃第二口。

②自主饮水：小口饮用（借助吸管缓慢吸吮）。

③喂食：每次喂食量根据汤勺大小而定（大勺约1/3、小勺约1/2），确认口腔中食物完全吞咽后再喂下一口。

④喂水：每次喂水量根据汤勺大小而定（大勺约1/3、小勺约1/2），下咽后再喂下一口。

4. 关注咀嚼和吞咽功能状态

（1）对咀嚼退化或吞咽功能有障碍者，应将食物切碎、搅拌后再喂。

（2）观察老年人进食过程中的咀嚼能力，关注有无吞咽困难、呛咳、恶心、呕吐等。

注：

"喂食"操作详见附件一中的"日常照护项目主要操作流程"第（三）项。

（二）掌握晨晚间护理内容

监测目的

保持清洁，感觉舒适。

监测方法

现场询问：（护理员）晨晚间护理内容及注意事项。

监测要点

1. 晨间护理内容。
2. 晚间护理内容。
3. 注意事项。

监测要求

1. 晨间护理内容

晨间护理内容主要包括排泄护理、口腔清洁、洗脸、洗手、梳头、协助穿衣裤、整理床铺，必要时更换衣、被、床单。

（1）排泄护理包括按需提供提醒如厕、扶助如厕、床上使用便器、失禁护理。

（2）口腔清洁包括协助漱口、刷牙、擦拭清洁口腔。对意识清楚的体弱、卧床、牙齿脱落者及上肢功能良好者可协助漱口或刷牙。对完全不能自理者可擦拭清洁口腔。

（3）协助体弱、卧床、完全不能自理者洗脸、洗手、梳头。

（4）协助穿衣裤是指按需选择合适的衣裤，协助偏瘫者、卧床者穿戴整齐。

（5）整理床铺包括有人床、无人床的床铺整理。

（6）按需提供更换衣、被、床单服务。

2. 晚间护理内容

晚间护理内容主要包括排泄护理、口腔清洁、洗脸、洗手、会阴清洁、洗足、整理床铺、协助脱衣裤等。

（1）排泄护理包括按需提供提醒如厕、扶助如厕、床上使用便器、失禁护理。

（2）口腔清洁包括协助漱口、刷牙、擦拭清洁口腔。

（3）协助体弱、卧床、完全不能自理者洗脸、洗手。

（4）协助老年人清洗会阴，保持清洁干燥。

（5）协助老年人清洗双足，保持干净。

（6）协助体弱、卧床、完全不能自理者铺床、脱衣裤。

3. 注意事项

（1）各照护项目严格按流程进行操作。

（2）水温适宜（40~45℃）。

（3）观察二便性状、颜色、量，发现异常及时报告医生。

（4）擦拭动作轻柔，保持皮肤清洁干燥、无污垢。

（5）检查皮肤受压及血液循环状况。

（6）保持床铺清洁干燥（必要时更换衣、被、床单）。

（7）操作中与老年人沟通，发现异常及时联系医生。

（8）操作前后清点用物。

（9）注意保暖，保护隐私。

（10）盆、巾专用，即时清洗。

（11）地面无污渍、水迹。

注:

“晨晚间护理”操作详见附件一中的“日常照护项目主要操作流程”第（一）（二）项。

（三）掌握口腔清洁（擦拭清洁口腔）过程中的主要操作要点

监测目的

防止口腔感染，减少口腔疾病发生。

监测方法

现场询问：（护理员）口腔清洁（擦拭清洁口腔）的操作流程及注意事项。

监测要点

1. 清洁体位。
2. 口腔清洁方法。
3. 义齿清洁方法。
4. 注意事项。

监测要求

1. 清洁体位

（1）坐位。护理员站于老年人右前方或左前方，身体降低；老年人头部稍前倾，忌往后仰。

（2）卧位。老年人头偏向一侧或取侧卧位且面向护理员。偏瘫老年人偏瘫侧向上，面部稍向侧方且面向护理员。

2. 口腔清洁方法

（1）擦拭方法。使用棉棒或棉球进行擦拭。沿齿缝纵向擦拭，左、右侧颊部弧形擦拭。每个面使用一根棉棒（一个棉球）。

（2）擦拭顺序。左外侧→右外侧→左上内侧→左上咬合面→左下内侧→左下咬合面→左侧颊部→右上内侧→右上咬合面→右下内侧→右下咬合面→右侧颊部→上腭面→舌面→舌下→口唇。

3. 义齿清洁方法

活动性义齿应取下，在流动水下清洗后再浸泡于冷开水中。

义齿脱卸方法：双手平行脱卸（上牙往下，下牙往上）。

义齿安装方法：先装上牙，再装下牙。

4. 注意事项

（1）棉棒（棉球）湿润程度适宜，防止过湿导致液体吸入呼吸道。

（2）一根棉棒（或一个棉球）只能使用一次，不可反复蘸水（或漱口水）使用。

（3）棉棒上的棉絮不能遗留在口腔内。棉球不能遗留在口腔内。

（4）动作轻柔，以免损伤口腔黏膜和牙龈。

（5）擦拭上腭面和舌面时横向前 1/3。

（6）操作前后应清点棉棒（棉球）数量。

（7）义齿用流动水清洗，严禁置于乙醇、热水中浸泡。

注：

“口腔清洁（擦拭清洁口腔）”操作详见附件一中的“日常照护项目主要操作流程”晨间护理第 2 项。

（四）掌握洗浴过程中的主要管控要点

监测目的

知悉洗浴过程中的管控要点，避免意外发生。

监测方法

现场询问：（护理员）洗浴过程中的主要管控要点。

监测要点

1. 洗浴禁忌。
2. 室温、水温要求。
3. 注意事项。

监测要求

1. 洗浴禁忌

洗浴包括浴室内洗浴和床上擦浴，洗浴禁忌情况主要如下。

（1）进食后 1 小时内。

（2）酒后 1 小时内。

（3）生命体征不稳定。

2. 室温、水温要求

（1）室温：不低于 24℃（以裸身不感到冷为宜）。

（2）水温：床上擦浴水温宜为 40～45℃，浴室内洗浴水温宜为 38～40℃（温热不烫手）。

3. 注意事项

（1）洗浴、擦浴前后适量饮水。

（2）洗浴、擦浴时合理调节水温，防烫伤。

（3）洗浴时长不宜超过 15 分钟，以免发生虚脱。

（4）皮肤皱褶处应擦洗干净。

（5）操作过程中随时观察和询问老年人，如有不适即刻停止，并联系医生。

（6）盆、巾专用。

（7）浴室地面湿滑，小心跌倒。

注：

“床上擦浴”操作详见附件一中的“日常照护项目主要操作流程”第（五）项。

（五）入住老年人容貌、衣着状况

监测目的

保持容貌清洁，衣着整洁，无异味。

监测方法

现场查看：老年人容貌及衣着整洁状况。

现场询问：（护理员）其中一项照护内容的要求。

监测要点

1. 面部清洁、头发整洁。
2. 指（趾）甲清洁。
3. 手足部清洁。
4. 衣着整洁、无异味。

监测要求

1. 面部清洁、头发整洁

（1）面部清洁，无眼屎、鼻屎，无长须（男性）。

洗脸方法：眼（内眼角→外眼角）→额部→鼻翼→颊部→耳→下颌部→颈部。

剃须方法：从左到右，从上到下，先顺毛孔剃刮，再逆毛孔剃刮（剃须刀专人专用）。

（2）头发梳理整齐，清洁无异味。

头发每日梳理，至少每周洗发一次，保持清洁无异味。

洗发方法：由发际到头顶部用指腹揉搓头皮及头发，力量适中，避免抓伤，洗净吹干头发。

2. 指（趾）甲清洁

（1）无长指（趾）甲、无污垢。

（2）如指（趾）甲过硬，可先用温水浸泡10~15分钟，软化后再进行修剪。

（3）如有灰指（趾）甲，需由专业人员进行处理。

3. 手足部清洁

（1）洗手顺序：手背→手心→指缝→擦干。

（2）洗足顺序：泡足→擦足背→擦足心→擦趾缝→擦干。

（3）手足部清洁，无污垢。

（4）偏瘫侧手（足）的清洁重点：将偏瘫侧手（足）浸泡在温水（40~45℃）中，护理员逐一缓慢拉开挛缩手指（脚趾），清洗干净，尤其是指（趾）缝间，最后擦干双手（足）。

4. 衣着整洁、无异味

老年人衣着整洁，身上无异味。

注：

“洗脸、洗手、洗足”操作详见附件一中的“日常照护项目主要操作流程”晨间护理第3项、第4项，晚间护理第6项。

（六）掌握穿脱衣裤的主要操作要点

监测目的

正确协助穿脱衣裤，避免损伤肢体。

监测方法

现场询问：（护理员）穿脱衣裤的方法及注意事项。

监测要点

1. 偏瘫者穿脱衣裤的方法。
2. 卧床者穿脱衣裤的方法。
3. 注意事项。

监测要求

1. 偏瘫者穿脱衣裤的方法

先穿患侧再穿健侧，先脱健侧再脱患侧。

2. 卧床者穿脱衣裤的方法

先穿远侧再穿近侧，先脱近侧再脱远侧。

3. 注意事项

（1）动作轻巧，忌粗暴，避免拉伤、关节脱位、骨折等。

（2）注意保暖，保护隐私。

注：

“床上更衣”操作详见附件一中的“日常照护项目主要操作流程”晨时护理第8项。

（七）掌握排泄照护要点

监测目的

根据照护需求提供排泄护理。

监测方法

现场询问：（护理员）排泄照护的方式及要求，便器使用、清洗与消毒方法。

监测要点

1. 排泄照护方式。
2. 排泄照护要求。
3. 便器使用、清洁与消毒。

监测要求

1. 排泄照护方式

排泄照护包括按需提供提醒如厕、扶助如厕、床上使用便器、失禁护理。

针对不同的排泄照护需求，采用不同的排泄照护方式，提供对应的排泄护理。

2. 排泄照护要求

（1）提醒如厕。对认知障碍者，应按时提醒如厕。

（2）扶助如厕。对下肢肌力减退、行走不便或拄拐杖者（含坐轮椅者），应搀扶（或推轮椅）到厕位，协助穿脱裤子并清洁局部皮肤。

如厕时间不可过久，起身速度要慢，以免跌倒。排便时注意保暖，并注意保护隐私。

（3）床上使用便器

①注意便器表面是否有破损、裂痕。

②便器置入时动作要轻柔，宽边向上，避免硬塞硬拽。

③便后及时做好肛周清洁（女性排尿需擦拭会阴部，排便应从前往后擦拭）。

④排泄物即时倾倒并清洁便器。

⑤观察排泄物性状及骶尾部的皮肤。

⑥床铺保持清洁、干燥。

⑦注意保暖，保护隐私。

（4）失禁护理

①及时做好皮肤清洁（女性排尿需擦拭会阴部，排便应从前往后擦拭）。

②观察排泄物性状及骶尾部的皮肤。

③及时更换衣裤或尿布（尿垫、纸尿裤）。

④床铺保持清洁、干燥。

⑤盆、巾专用，即时清洗。

⑥注意保暖，保护隐私。

3. 便器使用、清洁与消毒

（1）便器使用规范。

（2）排泄物即时倾倒并清洁便器（在污物间专用水池内清洗）。

（3）便器清洁、消毒按要求操作。专用便器：用1 000 mg/L有效氯消毒液浸泡30分钟（每周1次）后，清洗、晾干备用。公用便器：用1 000 mg/L有效氯消毒液浸泡30分钟（每次使用后）后，清洗、晾干备用。

注：

“排泄护理”操作详见附件一中的“日常照护项目主要操作流程”晨间护理第1项。

（八）掌握体位转移过程中的操作要点

监测目的

选择适宜的移动方式，协助老年人进行体位转移。

监测方法

现场查看：模拟轮椅转运操作。

现场询问：（护理员）协助翻身的方法及安全要点，轮椅转运操作中的安全要点。

监测要点

1. 体位转移方式。
2. 各体位转移流程。
3. 安全要点。

监测要求

1. 体位转移方式

体位转移方式包括协助床上移动、搀扶行走、助行器具使用、轮椅转运等。

应根据老年人不同情况及需求提供不同方式的体位转移。

2. 各体位转移流程

（1）床上移动

①移向床头：将枕头横立于床头（防止向上移动时头部撞击床头板）；嘱咐老年人双手拉住床头护栏、双腿弯曲；护理员双脚分开、靠近床头，托住老年人肩背部和臀部，托起老年人；嘱咐老年人双脚蹬床，挺身上移。

②协助翻身：放下近侧床护栏，枕头放至远侧；协助老年人移至远侧，根据老年人身体情况，协助老年人摆放舒适体位，将老年人近侧手臂放于枕边，远侧手臂放于胸前，远侧下肢搭在近侧下肢上；护理员一手置肩部，另一手置髋部向近侧翻转，使老年人呈侧卧位，在受压部位摆放软枕或棉圈。

（2）搀扶行走

①无偏瘫：护理员站于老年人外侧，陪同行走。

②有偏瘫：护理员站于老年人偏瘫侧，一手扶住老年人患侧手臂，另一手扶住老年人对侧腋下。

（3）助行器具使用。助行器具包括手杖、拐杖、步行器等。

①手杖使用：手杖放于健肢的前外侧，伸出手杖，抬腿迈出患足，再迈出健足；或手杖放于健肢的前外侧，伸出手杖，抬腿迈出健足，再迈出患足。

②拐杖使用：向前移动患侧拐杖的同时迈出健侧下肢，向前移动健侧拐杖的同时迈出患侧下肢，如此反复进行。

③步行器使用：步行器置于老年人脚前方约 15 cm 处，让其双上肢扶好把手、双足站于步行器的框架内，双上肢挪动步行器向前一定距离（25 ~ 30 cm），患足先行，健足跟上，重复上述步骤进行。

（4）轮椅转运

①将轮椅摆放在健侧，轮椅与床夹角成 30° ~ 45°，刹闸制动，翻起脚踏板。

②扶抱转移老年人，协助老年人稳定站立且转体，将老年人移至轮椅上平稳坐下。

③老年人坐上轮椅后，为其系好安全带并盖上毛毯。

④松闸转运，到达目的地，刹闸制动，翻起脚踏板，松解安全带，协助老年人离开轮椅。

⑤上坡时轮椅面向斜坡，下坡时轮椅背向斜坡。

3. 安全要点

（1）床上移动

①床头移动。在操作过程中避免拖、拉、拽老年人，以免擦伤老年人皮肤。

②协助翻身

A. 动作轻巧，变换体位时避免拖、拉、拽等粗暴动作。

B. 协助骨折老年人翻身时，上下动作应协调，以防骨折处再移位。

C. 注意保暖，防止受凉。

D. 保护隐私。

（2）搀扶行走。行走时，护理员与老年人步伐一致。避免拖、拉、拽老年人胳膊，以免老年人跌倒。

（3）助行器具使用

①手杖

A. 检查器具是否完好，高度是否合适。

B. 行走中避免拖、拉、拽老年人胳膊，以免老年人跌倒。

C. 意识不清的老年人行走时需有他人陪同。

②步行器

A. 检查器具是否完好，高度是否合适。

B. 使用步行器迈步时，不要过于靠近步行器，否则会有向后跌倒的危险。

C. 上下肢衰弱、不协调或上下肢不能通过腕、手负重的老年人不宜使用步行器。

（4）轮椅转运

①检查轮椅零部件性能是否完好。

②上下轮椅时，保证刹闸制动，翻起脚踏板。推行应平稳匀速，移动过程中应使用安全带。

③进出门或遇到障碍物时，翘起前轮，避免过大震动。

④嘱咐老年人头、背向后靠，抓紧扶手，身体勿向前倾。

⑤转弯时，提前告知老年人“坐稳、扶好”并减速。

注：

“移动”操作详见附件一中的“日常照护项目主要操作流程”第（九）项。

（九）掌握压疮预防要点

监测目的

保护皮肤，保持其正常功能。

监测方法

现场查看：床铺清洁状况及有无压疮发生。

现场询问：（护理员）压疮预防要点。

现场查阅：翻身卡记录情况。

监测要点

1. 压疮预防要点。

2. 院内压疮发生率。

监测要求

1. 压疮预防要点

（1）关注受压部位的皮肤状况，避免局部过度受压。

①根据老年人不同的卧位，重点观察骨隆突部位和受压部位皮肤情况。

②活动能力受限者要定时被动变换体位。

长期卧床者：可使用衬垫、医用气垫等，并要定时翻身（翻身间隔时间一般为每两小时一次，必要时每30~60分钟一次；如受压皮肤30分钟后压红不消退，则要增加翻身次数）。

坐轮椅者：轮椅上可加坐垫；可间隔30分钟抬起身体，变动身体着力点。

（2）增加蛋白质等营养素摄入，少食多餐。

（3）及时清理二便，用温水擦拭，保持皮肤清洁干燥。

（4）整理床铺，保持平整、干燥、无渣屑。

2. 院内压疮发生率

控制因护理不当而产生的压疮。院内压疮发生率应控制在Ⅰ°≤5‰，Ⅱ°、Ⅲ°为0。

（如有压疮发生，要排除客观因素，视情况分析。）

注：

1. 卧床老年人翻身记录（见表1-1）

表1-1　　卧床老年人翻身记录

姓名：______　　护理区：______　　床号：______

日期	翻身时间	体位			皮肤情况					护理员签名
		左侧	右侧	仰卧	正常	潮湿	压红	水疱	破损	

2. “压疮预防”操作详见附件一中的“日常照护项目主要操作流程”第（七）项。

（十）床单位清洁及床上用品适宜状况

监测目的

提供适宜的居住环境。

监测方法

现场查看：居室内床单位清洁状况及床上用品适宜状况。

监测要点

1. 床单位清洁。
2. 床上用品适宜。

监测要求

1. 床单位清洁

床单位包括床上用品、床垫、床架和床边柜。

（1）床上用品。床上用品包括被芯、被套、枕芯、枕套、床单、毛毯等，要求清洁无污渍。

（2）床垫。床垫干燥、无异味。

（3）床架、床边柜。床架和床边柜表面无积灰、无污渍。

2. 床上用品适宜

床上用品包括被芯、被套、枕芯、枕套、床单、毛毯（草席、枕席、蚊帐视情而定）等。

床上用品应根据季节变化及时予以调整，符合时令季节。

注：

“更换床上用品”操作详见附件一中的“日常照护项目主要操作流程”晨间护理第 7 项。

（十一）居室内物品整理状况

监测目的

物品放置整齐。

监测方法

现场查看：居室内物品存放状况。

监测要点

1. 物品分类放置。
2. 物品整齐有序。

监测要求

1. 物品分类放置

物品包括衣物、尿布、日用品、各类食品、保健品、药品等。

（1）衣物应按季节归类放置。

（2）其他物品（尿布、日用品、各类食品、保健品、药品等）应分类放置。

（3）冷藏食品需放置于冰箱冷藏室内。

2. 物品整齐有序

橱柜（含冰箱）内物品摆放整齐、有序，方便取用。

注：

需院方保管的药品不得存放于老年人处。

（十二）照护区域内食品储存状况

监测目的

防止食用过期、变味、霉变食品。

监测方法

现场查看：食品储存状况。

监测要点

1. 食品无过期、变味、霉变现象。
2. 食品按要求储存。

监测要求

1. 食品无过期、变味、霉变现象

食品包括各类点心、水果、饮品、保健品等。

（1）食品应在保质期内食用。

（2）熟食、罐头食品开启后需 24 小时内食用完毕。

（3）定时清理，及时处置过期、变味、霉变食品。

2. 食品按要求储存

（1）按食品的储存要求分类储存。

（2）散装食品必须放置于加盖容器中，也可以加封保鲜膜或置于保鲜袋内。

（3）冰箱内严禁放置具有潜在危害的食品。

（十三）24 小时巡视状况

监测目的

及时处理巡视中发现的异常状况。

监测方法

现场询问：（护理员）各照护等级老年人的日夜巡视时间，异常状况的处置方法（选一项）。

现场查阅：（生活护理交班本）异常状况的记录情况。

监测要点

1. 巡视时间符合要求。

2. 异常状况处置及记录要点。

监测要求

1. 巡视时间符合要求

（1）日间巡视。照护等级为轻度者每两小时巡视一次；照护等级为中度者每 1.5 小时巡视一次；照护等级为重度者每 1 小时巡视一次。

（2）夜间巡视。照护等级为轻度者每夜巡视一次（特殊情况视情巡视）；照护等级为中度者每 1.5 小时巡视一次；照护等级为重度者每 1 小时巡视一次。

2. 异常状况处置及记录要点

异常状况是指老年人出现的身体状况变化、情绪变化、突发意外（噎食、食品药品误食、压疮、烫伤、坠床、跌倒、他伤和自伤、走失、文娱活动意外等）。

（1）异常状况及时处理、报告。巡视过程中发现老年人身体状况、情绪有变化或突发意外时应提供相应的护理，危重时应及时报告。

（2）做好异常状况记录。异常状况记录于生活护理交班本（不建议单独设置巡视记录本）。记录内容应包括发生时间、具体状况、提供的相应护理、结果，以及何时联系医生等。

注：

应急处置操作详见附件一“安全护理的预防措施及应急处置”。

（十四）用药管理状况

监测目的

规范药品管理。

监测方法

现场查看：药柜放置及药物保管、发放情况。

现场询问：（医护人员）药品的收、管、发情况。

现场查阅：委托发放医疗药品约定、外配医疗药品登记表、外配精神类药品登记表。

监测要点

1. 药柜放置。
2. 外配药品接收与登记。
3. 药物保管。
4. 药物排放。
5. 药物发放。

监测要求

1. 药柜放置

（1）药柜应置于通风、干燥或有相应防潮条件的环境中。

（2）应配置温湿度计，按需配置冷藏设备。

（3）非工作人员不能随意出入药柜放置场所。

2. 外配药品接收与登记

（1）合同中需有委托保管、发药的约定。

（2）接收的药品必须有医嘱。

（3）拒收过期药或零星散药。

（4）按要求分别填写“外配医疗药品登记表”“外配精神类药品登记表”。

3. 药物保管

（1）医疗药品保管应符合相关要求。

（2）委托发放的药物一人一屉，按要求存放。屉内不得有裸药。在包装盒及屉外应标注床号、姓名。

（3）镇静类、精神类等药品应专柜上锁保管。

4. 药物排放

（1）遵医嘱排药。

（2）排药时严格执行“三查八对”制度。

（3）药品放置于药盒（杯）内并标注床号、姓名。

（4）药盒（杯）保持清洁，定期消毒。一次性药盒（杯）不得重复使用。

5. 药物发放

（1）发药时，再次核对床号、姓名，核对无误后发放药品。

（2）服药后，再次核对床号、姓名、药品。

（3）对患有认知症的老年人，要喂服药品，并进行检查。

（4）发放镇静类、精神类药品后，应喂服到口，并确认吞服。

（5）观察老年人服药后的反应，如有异常应及时通知医生。

注：

1. “三查”指操作前查、操作中查、操作后查。
2. “八对”指对床号、姓名、药名、剂量、浓度、时间、服用方法、有效期。
3. 非内设医疗机构药物发放过程必须受控，无关人员不得随意获取药物。
4. 外配医疗药品登记表、外配精神类药品登记表见表1-2和表1-3。

表1-2　外配医疗药品登记表

姓名：＿＿＿＿＿　护理区：＿＿＿＿＿　床号：＿＿＿＿＿

日期	药品名称	剂量	数量	有效期	服用方法	家属签名	经办人签名

表1-3　外配精神类药品登记表

姓名：＿＿＿＿＿　护理区：＿＿＿＿＿　床号：＿＿＿＿＿

日期	药品名称	剂量	数量	有效期	服用方法	家属签名	经办人签名

（十五）按需提供餐次及特殊餐食状况

监测目的

提供的餐次及餐食符合老年人的需求。

监测方法

现场询问：（相关人员）特殊餐食提供情况。

现场查阅：特殊餐食提供明细记录。

监测要点

1. 餐次满足要求。
2. 特殊餐食实时提供，有据可查。
3. 特殊餐食种类符合要求。

监测要求

1. 餐次满足要求

根据老年人的照护需求，满足一日三餐或一日多餐。多餐次餐食提供需根据医嘱（或医生建议）执行。

2. 特殊餐食实时提供，有据可查

（1）特殊餐食需由医生开具通知单。

（2）医务室、照护区、食堂分别留存特殊餐食提供明细记录。

（3）食堂按需加工特殊餐食，并实时提供给老年人。

3. 特殊餐食种类符合要求

特殊餐食种类包括半流质、流质、低糖、低盐、低脂、低嘌呤、忌食类食品等，应根据医嘱提供，并尊重少数民族风俗习惯。

注：

1. 特殊餐食提供明细记录见表 1-4 和表 1-5。

2. 老年人餐食原则上应低盐、低脂，故低盐、低脂在“特殊餐食提供明细记录”中不再标注。

表1-4　　特殊餐食提供明细记录（长期）

______年____月

姓名	餐食类别					备注
	半流质	流质	低糖	低嘌呤	忌食类	

注：在合适选项内打“√”，如是少数民族请在备注栏内具体注明。

表1-5　　特殊餐食提供明细记录（临时）

______年____月

姓名	餐食（提供起止日期）	餐食类别				
		半流质	流质	低糖	低嘌呤	忌食类

注：在合适选项内打“√”。

（十六）食谱兑现状况

监测目的

食谱兑现率达90%。

监测方法

现场查看：餐食与食谱相符情况，食谱公示情况。
现场询问：（老年人及家属）食谱兑现状况。
现场查阅：食谱记录。

监测要点

1. 食谱符合要求。
2. 食谱兑现率达 90%。
3. 食谱公示醒目。

监测要求

1. 食谱符合要求

制定的食谱要求营养均衡、荤素搭配、多样化，一周内不重复。

流质、半流质餐食需制定食谱，并注明具体品种，如牛奶、藕粉或使用普食打碎搅拌等。

2. 食谱兑现率达 90%

食谱兑现率不低于 90%。

3. 食谱公示醒目

每周食谱应在照护区域内醒目位置公示，便于老年人及家属查阅。

（十七）食物提供符合老年人生理状况

监测目的

食物易吞咽、易消化，避免意外发生。

监测方法

现场查看：食材切配的块状大小及食物成品的酥软程度。

现场询问：（老年人或家属）食物的块状大小、酥软程度及食材丰富状况。

监测要点

1. 块小、细碎、长短适宜。
2. 酥软。
3. 食材丰富。

监测要求

1. 块小、细碎、长短适宜

应将食物切小、切细、切碎，确保食物块状、长短适合吞咽。

2. 酥软

提供的食物应酥软易吞咽。

3. 食材丰富

食材品种多样，符合老年人生理特点及疾病特点。

（十八）衣物洗涤规范状况

监测目的

规范衣物的洗涤和消毒，防止交叉污染。

监测方法

现场查看：（照护区域）衣物的收集，（洗衣房）衣物洗涤、消毒状况及标志。

现场询问：（护理员）衣物分类收集的方法，（洗衣工）各类衣物的收集、洗涤、消毒要求和各类盛器处置要求。

监测要点

1. 衣物分类收集。
2. 衣物分类清洗。
3. 疑似传染性衣物处置符合要求。
4. 衣物盛器处置符合要求。
5. 盛器、洗衣机、水池标志清晰。

监测要求

1. 衣物分类收集

衣物按待洗衣物、被污染衣物、疑似传染性衣物分类收集。

（1）根据分类收集要求，分别将待洗衣物、被污染衣物、疑似传染性衣物置于专用盛器内。

（2）被呕吐物、排泄物污染衣物及床上用品、尿布应清除污物后再置于专用盛器内。

2. 衣物分类清洗

（1）衣物、床上用品、疑似传染性衣物分别置于不同洗衣机内清洗。

（2）被污染衣物必须先进行预洗、消毒（用 500 mg/L 有效氯消毒液浸泡 30 分钟），再置于同类衣物中清洗。

（3）清洗后的衣物应放置于洁净盛器内。

3. 疑似传染性衣物处置符合要求

（1）疑似传染性衣物不得与其他衣物混放于同一个盛器内，应单独放置于专用盛器内。

（2）疑似传染性衣物清洗前需先按规范要求消毒（用 2 000 mg/L 有效氯消毒液浸泡 60 分钟），再置于单独洗衣机内清洗。

4. 衣物盛器处置符合要求

盛器即为盛放衣物的设备（衣物收纳袋或筐等），每日应先清洁再消毒。盛器应保持无积灰、无污垢，每日清洗，每日消毒。

（1）放置待洗衣物的盛器消毒方法：先用 250 mg/L 有效氯消毒液浸泡 30 分钟，再用清洁布巾擦净。

（2）放置被污染衣物的盛器消毒方法：先用 500 mg/L 有效氯消毒液浸泡或擦拭，作用 30 分钟，再用清洁布巾擦净。

（3）放置疑似传染性衣物的盛器消毒方法：先用 2 000 mg/L 有效氯浸泡 60 分钟，再用清洁布巾擦净。

（4）放置洁净衣物的盛器消毒方法：先用 250 mg/L 有效氯消毒液浸泡或擦拭，作用 30 分钟，再用清洁布巾擦净。

5. 盛器、洗衣机、水池标志清晰

（1）盛器上标注“待洗衣服”“被污染衣服”“疑似传染性衣物”“洁净衣物”等。

（2）按分类清洗要求分别在洗衣机上标注“清洗衣物”“清洗床上用品”“清洗疑似传染性衣物”等。

（3）按分类使用要求设置两个水池，分别标注“预洗水池”“浸泡消毒水池”。

（十九）24 小时生活护理交接班记录状况

监测目的

规范生活护理交接班记录书写。

监测方法

现场查阅：（生活护理交班本）生活护理交接规范情况。

监测要点

1. 按照护单元建立生活护理交班本。
2. 交接项目齐全。
3. 书写规范。

监测要求

1. 按照护单元建立生活护理交班本

不同照护单元需分别建立生活护理交班本（一般照护单元以同一楼层为划分原则，如照护单元跨楼层，则床位数不应大于 50 床）。

生活护理交班本栏目设置应符合班次要求，交接班记录按 24 小时制进行记录。

2. 交接项目齐全

（1）在院人数发生变化时需交接。人数变化是指新入院、转入（院内）、请假返院、出院、转出（院内）、请假离院、外出就诊（留观或住院）、死亡人数。

（2）各类状况发生时需交接。各类状况是指在院人数变化状况（新入院、转入、请假返院、出院、死亡、转出、请假离院），外出就诊状况（就诊后当日返回、就诊后留观或住院、就诊后住院治疗再出院），重点护理（危重或临终）及异常状况（老年人身体或情绪发生变化）。上述情况发生时均需交接。

3. 书写规范

（1）书写顺序要求。护理交接内容较多，但书写应按以下顺序据实逐项书写。

①人数变化情况。

②外出就诊状况。

③重点护理（危重或临终）、异常状况（老年人身体或情绪发生变化）。

（2）书写格式要求

①字迹端正，不得随意涂改。

②新入院老年人在其床号、姓名栏下一行居中位置标明“新”。

③重点护理老年人在其床号、姓名栏下一行居中位置标明“危重”。

④同一位老年人不同班次情况要求在各栏目内对应平行书写。

⑤书写多位老年人交班内容时，两位中间空一行。

⑥交班内容未写完需要翻页书写时，应在本页交班内容栏内最后一行末尾注明“接下页”，在第二页第一行交班内容栏内注明“承上页”，接着将交班内容继续写完。

⑦记录者应签全名。

⑧书写过程中出现错字时，应在错字上画双线，不得采用刮、粘、涂等方法掩盖或去除原来的字迹。

（3）书写内容要求

①各种症状应客观描述，忌主观判断描述。例如，睡眠的客观描述（据实描述）：12 床赵××，1：20 起床，如厕后至 4：50 一直未睡，在床上不断翻身并在床上起身坐起 3 次……；睡眠的主观描述（在描述中对出现的症状自下结论）：12 床赵××睡眠很差……

②交接内容应连贯、前后呼应。凡日班的内容，夜班要有呼应。

例如，3 床张××，日交班时体温 38℃，夜班时对其体温（无论升或降）均需进行描述。

③记录内容应具体、量化。例如，5 床李××发生呕吐症状的描述：日班 10：00 呕吐一次，为食物残渣，呈腐败臭味，即告知医生。

④记录身体发生变化或情绪发生变化时，应连续跟踪记录，待症状消失后再继续观察跟踪记录一天。

⑤新入院老年人状况需要连续记录三天。

注：

生活护理交班本见表 1-6。

表1-6　生活护理交班本

护理区：________　　　　　　　　　　　　________年________月________日

班次 / 人数变化信息 / 床号、姓名	日班	夜班
人数变化信息	总人数________实有人数________	总人数________实有人数________
	新入院__转入（院内）__请假返院__	新入院__转入（院内）__请假返院__
	出院________转出（院内）______ 请假离院______死亡________	出院________转出（院内）______ 请假离院______死亡________
床号、姓名	外出就诊（留观或住院）________	外出就诊（留观或住院）________

（日班）交班人：________________　　　　　　（夜班）交班人：____________

（二十）呼叫铃应答及时状况

监测目的

即时获取服务信息，减少意外发生。

监测方法

现场查看：观察护理员对呼叫铃的应答状况。

现场询问：（老年人或家属）呼叫应答是否及时。

监测要点

呼叫应答及时。

监测要求

呼叫应答及时：各区域呼叫后，护理员 2 分钟内到岗。

注：

各区域指居室、单元起居厅、餐厅、卫生间、浴室、公共活动区域等。

三、清洁卫生

（一）室内外环境整洁状况

监测目的

提供整洁、干净的颐养环境。

监测方法

现场查看：（室内外环境）卫生清洁状况。

监测要点

1. 空气清新，无异味。
2. 地面、墙面洁净。
3. 物体表面（门、窗、柜、桌椅、扶手）洁净。
4. 室内外环境整洁。

监测要求

1. 空气清新，无异味

（1）开窗自然通风（一般每日至少两次），保持室内空气清新，无异味。

（2）不能开窗通风或通风不良时，可使用电风扇、排风扇等进行机械通风（通风次数应视情况而定，一般每日至少两次）。

（3）必要时使用循环风空气消毒机消毒或紫外线消毒（按使用说明书操作）。

2. 地面、墙面洁净

（1）地面

①室内地面每日湿式清扫，保持无湿滑、无污渍。当室内地面受到血液、体液、

排泄物、呕吐物或分泌物污染时，必须清除污染物后再消毒。

②室外地面每日清扫，保持整洁（垃圾箱周边地面定期冲洗，保持洁净无油污）。

（2）墙面

①保持室内外墙面洁净无污渍。

②除浴室、医疗废物暂存点墙面需消毒外，一般情况下其他墙面不用消毒。当墙面受到血液、体液、排泄物、呕吐物或分泌物污染时，清除污染物后要及时消毒。

3. 物体表面（门、窗、柜、桌椅、扶手）洁净

室内外门、窗（含纱窗）、柜、桌椅、扶手表面无积灰、油腻、污渍。

4. 室内外环境整洁

室外通道及场地无杂物乱堆放现象，并保持整洁。

室内外有垃圾分类存放设施时，设施要加盖，垃圾要及时清理。

注：

传染性疾病疫情期间各类设施设备要求在日常预防性消毒基础上增加消毒频率（以当时下发文件为准）。

（二）照护区域内各类设备清洁、消毒状况

监测目的

确保公用设备清洁，避免交叉污染。

监测方法

现场查看：（照护区域）各类设备清洁状况。

现场询问：（护理员、洗衣工）相关设备的消毒方法。

监测要点

1. 无异味。
2. 清洁。

3. 按规范消毒。

监测要求

1. 无异味

各类设备包括空调等通风设备、冰箱、微波炉、卫浴设备（洗手池、坐便器、浴椅）、洗衣设备等。各类设备均需定期保洁，保持无异味。

2. 清洁

（1）空调等通风设备表面无积灰、污垢，启动后无异味。

（2）冰箱门把手无油腻，门封条无污渍，箱内清洁、无异味（每月至少清洁冰箱并除霜一次）。

（3）微波炉内壁无食物残汁、油渍、污渍，无异味。

（4）卫浴设备

①洗手池（含水龙头）每日清洁，保持无油腻、污垢。

②坐便器洁净，内侧无污垢

③浴椅洁净，无污垢。

（5）洗衣设备。洗衣机、盛器（洁、污）内壁无污垢、异味。

3. 按规范消毒

（1）空调等通风设备。空调等通风设备包括电风扇、排风扇、分体空调、集中空调系统。

①电风扇、排风扇等机械通风设备消毒频率为每月一次（使用期间），用 250 mg/L 有效氯消毒液擦洗，作用 10~30 分钟。

②分体空调设备的过滤网和过滤器消毒频率为每月一次（使用期间）。消毒前先去除积尘、污垢，再用 250~500 mg/L 有效氯消毒液冲洗、擦拭、浸泡，作用 10~30 分钟。

③集中空调系统消毒频率为使用前后各一次（使用期间）。消毒前先去除积尘、污垢，再用 250~500 mg/L 有效氯消毒液冲洗、擦拭、浸泡，作用 10~30 分钟。集中空调系统的清洗消毒应由具有清洗消毒资质的专业机构完成。

（2）冰箱消毒频率为每月一次。用 250 mg/L 有效氯消毒液擦拭（断掉电源、食物清理出来，先用蘸取消毒液的布巾对冰箱内外进行擦拭，然后用清洁布巾擦净，待晾干、清理完成后，把冰箱门完全打开30分钟后即可使用)。

(3) 卫浴设备。卫浴设备包括洗手池（含水龙头)、坐便器、浴椅。

①洗手池（含水龙头）消毒频率为每日一次。用250 mg/L有效氯消毒液擦拭，作用30分钟后用清洁布巾擦净。

②坐便器消毒频率为每日一次。用500 mg/L有效氯消毒液擦拭，作用30分钟后用清洁布巾擦净。

③浴椅应在每次使用后进行消毒。用500 mg/L有效氯消毒液擦拭，作用30分钟后用清洁布巾擦净。

疑似传染性疾病人员使用过的卫浴设备，应用2 000 mg/L有效氯消毒液喷洒，作用30分钟后用清洁布巾擦净。

(4) 洗衣机、盛器（洁、污)

①洗衣机消毒频率为每日一次。先清洗再消毒，用250 mg/L有效氯消毒液（受污染时用500 mg/L有效氯消毒液）浸泡，作用15分钟。

②盛器（洁、污）消毒频率为每日一次。先清洗再消毒。用250 mg/L有效氯消毒液（受污染时用500 mg/L有效氯消毒液）擦拭或浸泡，作用30分钟后用清洁布巾擦净。

(5) 物体表面。门把手、窗把手、台面、桌椅、扶手、水龙头、电梯按钮消毒频率为每日一次，使用250 mg/L有效氯消毒液（去除可见污染物后再消毒：应喷洒至物体表面湿润，不得与清洁剂合用）作用30分钟后，再用清洁布巾擦净。

注:

传染性疾病疫情期间各类设施设备要求在日常预防性消毒基础上增加消毒频率（以当时下发文件为准)。

(三) 掌握老年人日常用品及文娱活动用品清洁消毒要点

监测目的

对日常用品及文娱活动用品进行消毒，防止交叉感染。

监测方法

现场查看：老年人日常用品及文娱活动用品清洁状况及消毒剂保管状况。

现场询问：（护理员）日常用品及文娱活动用品的消毒种类、方法、频率。

监测要点

1. 用品清洁。
2. 消毒规范。
3. 消毒剂管理符合要求。

监测要求

1. 用品清洁

用品包括老年人日常用品和文娱活动用品。

（1）老年人日常用品包括口杯、毛巾、盆、便器、盛装吐泻物的容器、痰盂（杯）等。

①口杯、毛巾、盆每日清洗，保持无污渍、异味。

②便器用后即清洗，保持无污垢、异味。

③盛装吐泻物的容器、痰盂（杯）保持无污垢、异味。

（2）文娱活动用品包括大型活动器具、小型活动用品（木制用品、塑料用品、毛绒玩具），应定期清洗，保持无污垢。

2. 消毒规范

各类用品消毒应按照 WS/T 367《医疗机构消毒技术规范》规定执行。

（1）老年人日常用品

①口杯消毒频率为每周一次。

A. 煮沸消毒，作用时间 20~30 分钟。

B. 流通蒸汽消毒，作用时间 15~30 分钟。

C. 用 250 mg/L 有效氯消毒液浸泡 30 分钟后，用流动水冲净备用。

D. 消毒柜消毒（按使用说明书操作）。

②毛巾（面巾、足巾）消毒频率为每周一次。

A. 煮沸消毒，作用时间15~30分钟（先清洗再消毒）。

B. 毛巾（面巾、足巾）分别置于自用脸盆、足盆内（一巾一盆），用250 mg/L有效氯消毒液浸泡30分钟后，用流动水冲净晾干备用。

③盆消毒频率为每周一次。用250 mg/L有效氯消毒液完全浸没，浸泡30分钟后用流动水冲净备用。

④专用便器消毒频率为每周一次，公用便器应在每次使用后消毒。用1 000 mg/L有效氯消毒液完全浸没，浸泡30分钟后用流动水冲净备用。

⑤盛装吐泻物的容器、痰盂（杯）应在每次使用后消毒。用500 mg/L有效氯消毒液完全浸没，浸泡30分钟后用流动水冲净备用。

（2）文娱活动用品

①大型活动器具消毒频率为每周一次。用250 mg/L有效氯消毒液擦拭，作用30分钟后用清洁布巾擦净或流动水冲洗。

②小型活动用品（木制用品、塑料用品、毛绒玩具）消毒频率为每周一次。

A. 木制用品用250 mg/L有效氯消毒液擦拭，作用30分钟后用清洁布巾擦净或流动水冲洗。

B. 塑料用品用250 mg/L有效氯消毒液浸泡，作用30分钟后用流动水冲洗。

C. 毛绒玩具在阳光下暴晒4小时或用臭氧消毒机消毒（按使用说明书操作）。

3. 消毒剂管理符合要求

（1）定点放置，上锁保管。

（2）专人配置，每次使用前测试浓度，浓度符合要求。

（3）配置后的消毒液应处于受控状态（他人不得随意拿取）。

注:

疑似传染性疾病人员使用后的日常物品应在2 000 mg/L有效氯消毒液中完全浸没，浸泡30分钟后用流动水冲净、干燥备用。

传染性疾病疫情期间各类设施设备要求在日常预防性消毒基础上增加消毒频率（以当时下发文件为准）。

（四）掌握终末消毒要点

监测目的

预防交叉感染。

监测方法

现场查看：消毒剂存放情况。

现场询问：（护理员、医护人员）终末消毒内容及方法。

现场查阅：终末消毒记录表。

监测要点

1. 终末消毒内容齐全。
2. 终末消毒方法符合要求。
3. 消毒剂管理符合要求。
4. 有终末消毒记录。

监测要求

终末消毒是指原床位老年人出院、死亡或床位更换给他人使用时进行的消毒。

1. 终末消毒内容齐全

终末消毒内容包括空气、地面、床垫、褥垫、被芯、枕芯、被套、枕套、床单、防水单、床架、床边柜、橱柜、桌椅、门把手、窗把手、扶手、生活垃圾、医疗器具等。

2. 终末消毒方法符合要求

终末消毒应按照 WS/T 367《医疗机构消毒技术规范》规定执行。

（1）空气。紫外线灯照射或空气消毒机消毒（按使用说明书操作），消毒后打开门窗通风。

（2）地面。蘸取消毒液拖地。

①无疑似传染性。用 500 mg/L 有效氯液擦拭（如地面有污染物，应先去除污染物），作用 30 分钟后用清水拖地 2 遍。

②疑似传染性。用 2 000 mg/L 有效氯消毒液擦拭，作用 30 分钟后用清水拖地 2 遍。

（3）床垫、褥垫、被芯、枕芯在日光下暴晒 4 小时以上，每 2 小时翻面一次；或用紫外线灯照射、医用床单位消毒机消毒（按使用说明书操作）。

（4）被套、枕套、床单、防水单。用 500 mg/L 有效氯消毒液浸泡 30 分钟后清洗（疑似传染性：用 2 000 mg/L 有效氯消毒液浸泡消毒后清洗）。

（5）床架、床边柜、橱柜、桌椅、门把手、窗把手、扶手用消毒剂喷洒或蘸取消毒液擦拭。用 500 mg/L 有效氯消毒液擦拭，作用 30 分钟后用清水擦拭 2 遍（疑似传染性：用 2 000 mg/L 有效氯消毒液擦拭，作用 30 分钟后用用清水擦拭 2 遍）。

（6）生活垃圾。用 1 000 mg/L 有效氯消毒液喷洒后按生活垃圾分类处置。

（7）医疗器具（含金属类、橡胶类、搪瓷类、玻璃类）常用临床消毒液擦拭、消毒剂擦拭、浸泡、煮沸、高压灭菌（由医务部门处置）。体温计用 2 000 mg/L 有效氯消毒液浸泡、冲洗、擦净（由医务部门处置）。

3. 消毒剂管理符合要求

（1）定点放置、上锁保管。

（2）专人配置，每次使用前测试浓度，浓度符合要求。

（3）配置后的消毒液应处于受控状态（他人不得随意拿取）。

4. 有终末消毒记录

终末消毒后需按规定填写表单。

注：

1. 终末消毒记录表见表 1–7。

表 1–7　　终末消毒记录表

日期：________　　部门：________　　床号：________

消毒类别	消毒方法	执行人	备注
空气	☐ 紫外线灯照射（按说明书操作） ☐ 空气消毒机消毒（按使用说明书操作） ☐ 其他（需注明使用的产品）		☐ 出院 ☐ 转床 ☐ 死亡
地面	☐ 500 mg/L 有效氯液拖地 ☐ 2 000 mg/L 有效氯液拖地（疑似）		

续表

消毒类别	消毒方法	执行人	备注
床垫、褥垫 被芯、枕芯	□ 阳光暴晒（大于4小时） □ 紫外线灯照射（按使用说明书操作） □ 医用床单位消毒机消毒（按说明书操作）		
被套、枕套、 床单、防水单	□ 500 mg/L有效氯消毒液浸泡后再清洗 □ 2 000 mg/L有效氯消毒液浸泡后再清洗（疑似）		
床架、床边柜、 橱柜、桌椅、 门把手、窗把手、扶手	□ 500 mg/L有效氯消毒液擦拭后再用清洁布巾擦净 □ 2 000 mg/L有效氯消毒液（擦拭后再用清洁布巾擦净）（疑似）		□ 出院 □ 转床 □ 死亡
生活垃圾	□ 1000 mg/L有效氯消毒液喷洒		
医疗器具 （含金属、橡胶、 搪瓷、玻璃类）	□ 常用临床消毒液擦拭 □ 煮沸 □ 高压灭菌		
体温计	□ 2 000 mg/L有效氯消毒液浸泡、冲洗、擦净		

注：备注栏内注明终末消毒的原因。

2. 紫外线消毒注意事项

（1）紫外线消毒原则上用于无人的情况下，以免刺激引起损伤。

（2）紫外线用于空气消毒时的有效距离是2 m以内，时间一般是30分钟。

（3）紫外线灯管的有效累计使用时间为1 000小时，要注意及时更换。使用过程中要保持灯管表面清洁，每周用酒精擦拭一次，表面被污染时要及时擦拭。

（4）紫外线灯管的照射强度每半年检测一次，低于70 $\mu W/cm^2$ 时要及时更换。

四、预防保健

（一）健康档案的建立及记载情况

监测目的

做好健康管理工作，努力成为老年人的健康管家。

监测方法

现场查阅：按5%的比例随机抽取入住老年人的健康档案。

监测要点

1. 建立健康档案。
2. 书写基本规范。
3. 每月有动态记录。

监测要求

1. 建立健康档案

健康档案记录所有生命体征的变化。具体内容包括以往病史、诊治情况、现病史、体检结果，以及疾病的发生、发展、治疗和转归过程。

健康档案建立时间要求为老年人入院后48小时以内。

2. 书写基本规范

健康档案书写应及时、准确、客观、真实、完整。

（1）书写格式要求

①不使用圆珠笔书写，笔画公正、字迹清晰，表述准确、语句通顺、标点正确。

②书写过程中出现错字时，应在错字上画双线，不得采用刮、粘、涂等方法掩盖或去除原来的字迹。

③应使用中文和医学术语。通用的外文缩写和无正式中文译名的症状、体征、疾病名称等可以使用外文。

④医生签全名并签署日期。

（2）书写内容要求

①一般项目。一般项目包括姓名、性别、年龄、民族、出生地、工作单位、职业、病史叙述者（注明可靠程度）、入院日期、病史采集时间等。

②主诉。主诉是指入院时自己描述的疾病主要症状、体征及其发生的时间、性质或部位、程度等，应围绕主要疾病描述，简洁精炼，一般以不超过20字为宜，不以诊断或检验结果为主诉内容（确无症状者例外）。

主诉内容多于一项时，可按主次或发生时间的先后分别描述，时间尽量明确，避免用“数天”这样含糊不清的概念。

③现病史。现病史是指本次疾病的发生、演变、诊疗等方面的详细情况，应按时间顺序书写。

A. 起病时间、病因或诱因（必要时包括起病前的一些情况）。

B. 主要症状（或体征）出现的时间、部位、性质、持续时间、程度、缓解或加剧因素、演变发展情况。

C. 伴随症状的特点及变化。对具有鉴别诊断意义的重要阳性和阴性症状（或体征）也应加以说明。

D. 既往疾病复发情况。了解与本病有关的慢性病者初发情况和重大变化，以及最近复发情况，包括精神、食欲、食量、睡眠、大小便、体力、体重等的变化。

E. 诊治经过。曾在何处做何种诊疗（包括诊疗日期，检查结果，用药名称及其剂量、用法，手术方式，疗效等）。

④既往史。既往史是指本次发病以前的健康及疾病情况，特别是与现病有密切关系的疾病，按时间先后记录。具体包括以下内容。

A. 既往一般健康状况。

B. 曾患疾病。以前所患的疾病，诊断明确者可用病名并加引号记录；诊断不确定者，简述其症状。

C. 传染病史。传染病史包括发病日期及诊疗情况。

D. 手术史、输血史、食物或药物过敏史。

E. 重要药物应用史。重要药物包括激素、抗癌药等。

⑤个人史

A. 出生地、长期居留地（尤其应注意疫源地和地方病流行区），以及受教育程度、业余爱好等。

B. 生活习惯、有无烟酒等嗜好、麻醉毒品摄入史、有无重大精神创伤史。

C. 职业、工作条件、工作环境、劳动保护情况等。重点了解有无经常与工业毒物、粉尘、放射性物质接触，并应注明接触时间、程度等。

⑥婚姻及生育史

A. 结婚与否、结婚年龄、配偶健康状况，是否近亲结婚。若配偶死亡，应写明死亡原因及时间。

B. 已婚女性妊娠胎次、分娩次数，有无流产、早产、死产、手术产、产褥热史，计划生育情况等。

⑦体格检查。体格检查内容记录必须认真、仔细，按系统顺序进行书写。与主诉、现病史相关部位的体征需重点检查记录。

A. 生命体征。生命体征包括体温、脉搏、呼吸、血压。

B. 一般状况

发育：正常、欠佳、差。

营养：良好、中等、不良。

体位：自动、被动。

表情：正常、不正常（痛苦、忧虑、恐惧、安静）。

神志：清晰、模糊、不清。

行走：自主、搀扶、坐轮椅。

C. 皮肤黏膜。颜色潮红、发绀、苍白、黄染等，有无出血点、瘀斑、水肿、溃疡、压疮等。

D. 浅表淋巴结。全身或局部浅表淋巴结有无肿大（部位、数目、大小、压痛、硬度、移动性等）。

E. 眼。眼睑是否水肿，眼球活动是否自如，结膜是否充血，角膜是否透明，对光反射是否存在。

F. 耳。耳有无畸形，外耳道有无分泌物，听力是否正常（良好、一般、差）。

G. 鼻。鼻唇沟是否对称。

H. 口腔。口唇是否红润，牙龈有无水肿，伸舌是否居中，舌苔状况，咽部是否充血，扁桃体是否增大，有无口唇发绀。

I. 胸。外形是否正常（是否对称、畸形、局部隆起或塌陷），有无压痛等。

J. 肺脏。听诊呼吸音（低、清、粗），有无干、湿啰音及胸膜摩擦音（具体部位）。

K. 心脏。心率（次/分钟），心律（规则、不规则），心音（正常、强、弱），杂音（部位、性质、程度）。

L. 腹部。外形（对称、平坦、膨隆、凹陷），腹壁静脉显露（曲张或怒张，如有则要记录血流方向），腹肌有无紧张，腹壁有无压痛、反跳痛，有无肿块（具体部位）。

a. 肝脏。大小（右叶以右锁骨中线从肋缘至肝下缘、左叶以剑突至肝左叶下缘多少厘米表示），质地，表面、边缘、有无压痛和搏动，肝颈静脉回流征。

b. 胆囊。大小、形状，有无压痛。

c. 脾脏。大小、硬度、表面边缘状态，有无压痛。巨脾以三线法表示。

d. 肾脏。大小、形状、硬度、移动度，肾区及输尿管压痛点有无压痛，有无膀胱膨胀。

M. 肛门及直肠。外形正常与否，有无肛裂，有无痔疮，有无脱肛。

N. 脊柱及四肢

a. 脊柱。有无畸形、压痛、叩击痛。

b. 四肢。有无畸形、杵状指（趾）、静脉曲张、骨折、水肿、肌肉萎缩、肢体瘫痪或肌张力增强，关节是否红肿、疼痛、压痛、积液、脱臼、活动度受限、强直，肌力（左右上肢及左右下肢为什么等级）。

注：

根据肌力的情况，将肌力分为 0~5 级，共六个级别：0 级——完全瘫痪，测不到肌肉收缩；1 级——仅测到肌肉收缩，但不能产生动作；2 级——肢体能在床上平行移动，但不能抵抗自身重力，即不能抬离床面；3 级——肢体可以克服地心引力，能抬离床面，但不能抵抗阻力；4 级——肢体能做对抗外界阻力的运动，但不完全；5 级——肌力正常。

O. 神经系统

a. 生理反射。角膜反射、腹壁反射、膝腱反射、跟腱反射。

注：

角膜反射：角膜受刺激引起眨眼的一种反射，主要反映脑桥的功能状态。病人垂危时，角膜反射减弱，病变已侵犯脑桥，即将侵犯延髓，为生命临终的预兆。

腹壁反射：人平卧位，屈膝，用硬物分别在上腹、中腹、下腹滑动，会看到局部腹肌收缩。对有颅内病变的患者如偏瘫患者，由于中枢神经受损，会发生一侧反射减弱或者消失。

膝腱反射：也称膝反射，快速牵拉肌腱时发生不自主的肌肉收缩，是肌牵张反射的一种（肌紧张）。

跟腱反射：也称腱反射，快速牵拉肌腱时发生不自主的肌肉收缩，是肌牵张反射的一种（肌紧张）。

b. 病理反射。克氏征、巴氏征。

注：

克氏征检查：将患者小腿抬高并伸开膝关节，正常人膝关节可以伸达135°以上，如果膝关节伸开受阻或者伴有疼痛、痉挛则为阳性。

巴氏征检查：用尖的物品如火柴棍等，划脚心，顺序为从脚心的外缘由后向前划，然后划到内侧，如果出现大脚趾背伸，其余脚趾散开，则为阳性。

⑧实验室及器械检查。记录有关的实验室及器械检查结果。如为入院前所做的检查，应注明检查地点及日期。将病史、体格检查、实验室及器械检查等主要资料摘要综合，重点突出阳性发现，作为诊断的依据。

⑨初步诊断。写在病历最后的右半侧，按疾病的主次列出，与主诉有关或对生命有威胁的疾病排列在前。诊断除疾病全称外，还应尽可能包括病因、疾病解剖部位和功能的诊断。

3. 每月有动态记录

动态纪录是对老年人在院期间疾病发生、发展的连续性记录，能及时准确地反映老年人的健康状况，应当根据老年人身体状况变化及时更新。

动态记录要求如下：

（1）内设医疗机构

①病危患者。根据病情变化随时书写病程记录，每天至少一次，记录时间应具体到分钟。

②病重患者。至少每周记录一次。

③病情稳定患者。至少每月记录一次。

（2）非内设医疗机构。病情发生变化、诊疗计划发生变化或药物增减时都要在健康档案中予以记录，至少每月记录一次。

（二）慢性病管理状况

监测目的

完善机构慢性病组织管理体系，系统管理机构内的慢性病患者。

监测方法

现场询问：（医务人员）对慢性病患者采取的措施。

现场查阅：慢性病检测记录本。

监测要点

1. 有检测措施。
2. 有健康指导措施。
3. 有危重症救治措施。

监测要求

1. 有检测措施

老年人慢性病包括高血压、糖尿病及其他慢性病。

（1）对不同病情、危重程度有检测措施。可按病情变化增加对血压、血糖的检测频率。

（2）检测实施有记录。建立检测记录本，在健康档案上有检测实施及处置的动态记录。

2. 有健康指导措施

（1）针对老年人健康状况开展健康教育。采取讲课或设置宣传栏等多种形式开展教育活动，内容包括合理膳食、控制体重、适当运动、改善睡眠、心理健康、合理用药等。

（2）定期举办相关慢性病防治知识讲座。根据季节变化、疾病流行情况掌握疾病预防措施等，培养老年人良好的生活方式。

3. 有危重症救治措施

（1）内设医疗机构急救设备及药品配备。急救设备包括给氧设备、吸痰器、导尿包、心电监护仪等。急救药品包括利血平、甘露醇、氨茶碱、喘定、西地兰、速尿、地塞米松、肾上腺素、尼可刹米、洛贝林、阿托品、利多卡因、多巴胺、碳酸氢钠、氯化钾、葡萄糖液体等。

（2）救治措施。内设医疗机构应安排医务人员 24 小时值班，及时提供急诊救治服务。

针对无能力处理的危急重症，应遵循就近转诊原则，立即呼叫“120”急救。在救护车到达前，现场医务人员根据老年人病情采取必要的处理措施，如心肺复苏、呼吸道清理、面罩给氧等。

也可与周边医院签约建立合作关系，开设转诊绿色通道，明确服务流程，确保实施有效转诊。

（三）掌握常用临床护理规范操作要点

监测目的

恪守临床护理工作规范，规避护理风险，有效缓解老年人病痛。

监测方法

现场询问：（护士）临床护理操作技能（随意抽取 1~2 项）。

监测要点

1. 项目齐全。
2. 操作规范。

监测要求

1. 项目齐全

常用临床护理项目包括开塞露通便、导尿、吸痰、给氧、鼻饲、生命体征监测、血糖监测、压疮伤口换药、肌肉及皮下注射、静脉血标本采集。内设医疗机构应能提供以上十项临床护理项目。

2. 操作规范

（1）开塞露通便

①使用时间。有便意时才能使用。

②体位。协助老年人取左侧卧位，并适度垫高臀部，这样有利于药液流向乙状结肠。

③使用方法。取下开塞露盖帽，挤出少许药液润滑开塞露前端及肛门口，嘱咐老年人深呼气，将开塞露前端缓慢插入肛门深部（至开塞露颈部），挤压开塞露球部将药液全部挤入。

开塞露使用之后约 10 分钟才会见效。如有比较严重的便秘，则需要更长时间才能见效，但一般不会超过半小时。使用开塞露后体位保持时间以老年人的不同耐受力而定。

（2）导尿

①导尿时必须无菌操作，预防尿路感染。必要时用无菌药液每日冲洗膀胱一次。

②导尿管选择粗细要适宜。对疑似尿道狭窄者，导尿管宜细。

③注意事项

A. 导尿管插入动作要轻柔，忌反复抽动导尿管，以免损伤尿道黏膜。

B. 若导尿管插入时有阻挡感，忌蛮插，可稍退出 2~3 cm，向导尿管中灌注石蜡油，润滑尿道，见有尿液流出时再插入 2 cm，勿过深或过浅。

C. 每隔 5~7 日更换导尿管一次，再次插入前应让尿道松弛数小时。

D. 第一次导尿量不可超过 1 000 mL，以防大量放尿，导致腹腔内压突然降低，大量血液滞留于腹腔血管内，造成血压下降，产生虚脱（也会因膀胱突然减压导致膀胱黏膜急剧充血，引起尿血）。

E. 对膀胱过度充盈、高度膨胀且极度虚弱者，排尿宜缓慢，以免骤然减压引起出血或晕厥。

F. 留置导尿管时，应经常检查导尿管是否脱出。

（3）吸痰。当排痰不畅或喉头有痰鸣音时，应及时吸痰。

①吸痰所用物品应每天更换 1~2 次，吸痰导管应每次更换。

②吸痰导管应粗细适宜，不可过粗。

③注意事项

A. 吸痰前后应增加氧气的吸入，且每次吸痰时间应少于 15 秒，以免因吸痰造成老年人缺氧。

B. 昏迷老年人可用压舌板或开口器先将口启开，再进行吸痰。如经口腔吸痰有困难，可由鼻腔插入吸痰。

C. 吸痰时，负压调节应适宜，插管过程中不可打开负压，且动作应轻柔，以免损伤呼吸道黏膜。

D. 如痰液黏稠，可协助老年人变换体位，配合叩击、雾化吸入等方法，通过振动、稀释痰液，使之易于吸出。

E. 密切观察病情，观察老年人呼吸道是否通畅，以及面色、生命体征的变化。

F. 储液瓶内的吸出液应及时倾倒，一般不应超过瓶的2/3，以免痰液吸入损坏机器。

（4）给氧

①给氧前，检查氧气装置有无漏气、是否通畅。给氧导管、鼻塞应随时注意检查有无分泌物堵塞，并及时更换。

②谨慎用氧及调节合适的氧流量。

A. 以保健为目的的给氧流量不要大于每分钟 3 L，一天使用时间的总和不要超过1小时。

B. 慢性阻塞性肺病急性加重者一般应给予控制性（即低浓度）持续给氧。

C. 慢性呼吸衰竭失去代偿时，要谨慎用氧。

D. 急性呼吸衰竭必须使用高浓度或纯氧进行抢救，但不宜时间过长及长期使用。

③注意事项

A. 输氧导管、湿化加温装置、呼吸机管道系统等应清洗、消毒、定时更换，并注意加温和湿化。

B. 停用氧气时，应先拔出导管或面罩，再关闭氧气开关。

（5）鼻饲

①食物保持新鲜。鼻饲食物应新鲜配制，保证食物无污染，并注意膳食营养的调节。如排便次数多，大便酸臭，可能是食入过多的糖类所致；大便稀臭，呈碱性反应，可能是蛋白质消化不良。

②注意事项

A. 老年人对鼻饲要有一段适应过程，开始时食物宜少量，逐渐加量，中午食量稍高于早晚，每日5~6次，每次鼻饲量不超过200 mL，间隔时间不少于2小时。

B. 鼻饲食物温度过冷、过热，均可引起腹泻或胃肠反应。因此，鼻饲前可用手背侧皮肤测试食物温度，以不感觉烫为宜（38~40℃）。

C. 鼻饲前，应将床头抬高30°，协助老年人取平卧位、头偏向一侧。鼻饲后，应维持原卧位20~30分钟，以防呕吐。

D. 确认胃管在胃内后再进行鼻饲。

E. 插管时动作轻柔，避免损伤食管黏膜。插管时，如有呛咳、呼吸困难、发绀等情况表明胃管误入气管，应立即拔出。

F. 拔管动作宜轻柔而迅速，以免引起呕吐或返流液被吸入气管。普通胃管每周更换一次，硅胶胃管每月更换一次。在末次灌注后拔出，次晨更换，插入另一侧鼻孔。

G. 每日应清洁鼻腔，加强口腔卫生护理，预防并发症。

H. 操作用物每日消毒一次。

（6）生命体征监测

①体温

A. 体温计消毒方法。先浸泡于1%过氧乙酸溶液（或2 000mg/L有效氯消毒液）中，5分钟后取出，擦干后放入另一个盛1%过氧乙酸溶液（或2 000mg/L有效氯消毒液）的盛器中浸泡半小时，并将水银柱甩至35℃以下，然后用冷开水冲洗干净，用消毒纱布擦干，放于清洁盒内备用。消毒液要每日更换。肛表与口表不可放入同一个盛器内浸泡。

体温计盛器消毒：每周一次，在1 000 mg/L有效氯消毒液中浸泡30分钟。

B. 选择适当的测量方法测量体温。昏迷、精神异常、口腔疾病、张口呼吸者禁用口腔测量法。腹泻、直肠或肛门手术、心肌梗死者不宜用直肠测温法。

C. 将体温计放置在正确的位置。

D. 测量前20~30分钟内避免剧烈运动、喝冷热饮、洗澡等。

②脉搏

A. 不可用拇指诊脉。

B. 病情危重或接受特殊治疗者需15~30分钟测量一次。

C. 异常脉搏、危重患者需测1分钟。

D. 脉搏弱、难测时，用听诊器听心率1分钟。

E. 脉搏出现短绌时，应由2人同时测量，记录方法为“心率/脉率”。

F. 偏瘫患者应测健肢。

③呼吸

A. 测量呼吸时，取自然体位，测量1分钟。

B. 呼吸微弱或危重患者，可用少许棉花置于鼻孔前，观察棉花被吹动的次数。

④血压

A. 测血压应做到四定。即定时间、定部位、定体位、定血压计。

B. 偏瘫患者应选择健肢测量。

C. 排除影响血压值的外界因素。

D. 如发现血压听不清或异常时，应重测（驱净袖带内空气，使汞柱降至“0”，休息片刻再行测量，必要时做对照复查）。

E. 防止血压计本身造成的误差，如水银不足、汞柱上端通气小孔被阻等。

注：

1. 袖带太窄时，需要较高的压力才能阻断动脉血流，故测得的血压值偏高。

2. 袖带过宽时，大段血管受压，导致搏动音在达到袖带下缘之前已消失，故测得的血压值偏低。

3. 袖带过松时，橡胶袋充气后呈球状，导致有效的测量面积变窄，故测得的血压值偏高。

4. 袖带过紧时，血管在未充气前已受压，故测得的血压值偏低。

（7）血糖监测

①不同时段监测血糖的意义

A. 空腹血糖主要反映在基础状态下没有饮食负荷时（最后一次进食后 8～10 小时）的血糖水平，是糖尿病诊断的重要依据。

B. 餐后 2 小时血糖是反映胰岛 β 细胞储备功能的重要指标，即进食后食物刺激 β 细胞分泌胰岛素的能力。测餐后 2 小时血糖能发现可能存在的餐后高血糖，能较好地反映进食与使用降糖药是否合适，这是空腹血糖不能反映的。

C. 睡前血糖反映胰岛 β 细胞对进食晚餐后高血糖的控制能力，是指导夜间用药或注射胰岛素剂量的依据。

D. 随机血糖可以了解机体在特殊情况下对血糖的影响，如进餐、饮酒、劳累、生病、情绪变化等。

②按病情确定监测血糖频率

A. 刚被诊断为糖尿病、接受胰岛素治疗或正在使用胰岛素泵的患者，每天监测4~7次。

B. Ⅰ型糖尿病患者空腹血糖大于12 mmol/L时，每天监测4~7次。

C. Ⅱ型糖尿病患者空腹血糖大于16.2 mmol/L时，每天监测4次。

D. 反复出现低血糖、调整胰岛素的用量时，要及时监测血糖。

③监测血糖次数安排时间段

A. 每天监测4次：应安排在三餐前和睡前。

B. 每天监测7次：应安排在三餐前、三餐后2小时及睡前，必要时下半夜还要再测1次。

④血糖异常应采取的措施。低血糖症状分为轻度、中度和重度。

轻度：有饥饿感、可伴有一过性出汗、心悸（可自行缓解）。

中度：脸色苍白、出冷汗、四肢无力、心悸、视物模糊、饥饿明显、手抖等。

重度：嗜睡、意识障碍（认人、认方向）、胡言乱语，甚至昏迷、死亡等。

当出现低血糖时应喝适量的糖水等。高血糖应立即注射适量胰岛素，身体出现不适时也要及时监测。

（8）压疮伤口换药

①一期压疮。一期压疮临床表现以局部皮肤暗红色、肿胀、灼热、疼痛为主症，皮肤的完整性尚未破坏。一期压疮及时治疗，有望完全恢复正常而不溃烂。

A. 增加老年人的翻身次数，以改善局部血液循环，纠正缺血缺氧，还要尽可能去除导致压疮的病变因素。

B. 用过氧化氢液擦拭创面，再用生理盐水清洗创面，用75%酒精消毒压疮周围皮肤，再用无菌纱布覆盖。

②二期压疮（浸润期）。二期压疮临床表现以局部皮肤紫红色、水肿为主症。淤血久滞可成瘕，所以也可见皮下硬结；水肿甚时可使皮肤变薄，故又常见出现水疱，水疱不小心极易溃破，从而又可引发感染。

A. 注意保持皮肤洁净，严防引起感染。

B. 未溃破的水疱要尽量减少摩擦，以防破裂。大水疱可用注射器抽取疱内液体，使用药物涂抹于溃烂伤口处，避免伤口与空气的接触。

③三期压疮（溃疡期）。三期压疮临床表现为局部组织已经有溃疡的发生。

A. 加强老年人的翻身护理，避免病情向深部组织扩散。

B. 使用足量的抗生素，局部每天进行换药，换药时严格执行无菌操作。

C. 如溃疡已经累及深部组织，首先要做好坏死组织的清创工作，用生理盐水清洗创口，再用络合碘对创口消毒，最后外敷药物。

（9）肌肉及皮下注射

①注射前准备。取适当体位，用2%碘酒和70%乙醇或单独用3%络合碘消毒皮肤待干，排尽抽取药物的注射器内的空气。

②注射

A. 肌肉注射

a. 定位准确（尤其是臀大肌注射，应避免损伤坐骨神经）。

b. 一般进针2. 5~3 cm（针头的2/3，消瘦者酌减），切勿将针头全部刺入（一旦针头折断，保持局部及肢体不动，迅速用血管钳夹住断端拔出。如断端全部进入肌肉，则需手术取出）。

c. 回抽无回血时，方可注入药物（固定针头，注入药物）。

d 注射完毕，用无菌干棉棒按压进针处，同时快速拔针。

e. 需要两种药液同时注射时，应注意配伍禁忌。

f. 需要长期肌肉注射的老年人，其注射部位要经常更换，以防局部形成硬结（若出现硬结，可采取热水袋或热湿敷、理疗等处理）。

B. 皮下注射

a. 注射部位选择：上臂三角肌下缘、股外侧等部位。协助老年人取舒适体位，避免在炎症或瘢痕部位注射。

b. 左手绷紧老年人皮肤，右手持注射器，右手食指固定针栓，针尖与皮肤成30°~40°，迅速刺入针头的2/3，右手固定针栓，左手抽吸无回血，推药。

c. 注射完毕后，用无菌干棉棒按压进针处，同时迅速拔针。

（10）静脉血标本采集

①需空腹采血时，应提前通知。

②备齐用物，检查标本容器有无裂隙、破损等。

③标本容器上贴好标签，核对无误后向老年人解释，以取得合作。

④露出老年人手臂，选择静脉，在静脉穿刺部位上方4~6 cm处扎紧止血带，并嘱咐老年人握紧拳头，使静脉充盈显露。

⑤常规消毒皮肤，待干。

⑥在穿刺部位下方，用左手拇指拉紧皮肤并固定静脉，右手持注射器，针头斜面向上与皮肤成15°~30°，在静脉上或旁侧刺入皮下，再沿静脉走向潜行刺入静脉，见回血后将针头略放平，稍前行固定不动，抽血至需要量时，放松止血带，嘱咐老年人松拳，用无菌干棉棒按压穿刺点，迅速拔出针头，并将老年人前臂屈曲压迫片刻。

⑦卸下针头，将血液沿管壁缓缓注入容器内，切勿将泡沫注入，以免溶血。容器内放有玻璃珠时应迅速摇动，以除去纤维蛋白原；如为抗凝试管，应在双手内旋转搓动，以防凝固；如为干燥试管，不应摇动；如为液体培养基，应使血液与培养液混匀，并在血液注入培养瓶前后，用火焰消毒瓶口，注意勿使瓶塞接触血液。采集全血标本时，取下针头，慢慢注入抗凝管中，轻轻转动试管，防止血液凝固。

⑧如一次穿刺失败，重新穿刺时需更换部位及注射器。

⑨取血清标本时，取下针头，缓慢注入干燥试管中，勿将泡沫注入，避免震荡，防止红细胞破裂。

⑩采血培养标本时，先将密封瓶纸撕开，将取血瓶口棉塞取出，迅速在酒精灯火焰上消毒瓶口，将血液注入培养瓶中轻轻摇匀，再将瓶塞在火焰上消毒后塞好。

⑪做生化检验的血标本宜在清晨空腹时采集。做血培养时，应严格无菌操作，采血量为5~10 mL。

⑫如同时抽取多种血液标本注入容器，必须区分先后，一般以培养在先，抗凝管为次，血清管最后。

⑬采血完毕，连同检验单及时送检，注射器和针头浸泡于消毒液中。

（四）失能老年人日常训练状况

监测目的

保护失能老年人残存的生理功能，提高生命质量。

监测方法

现场询问：（相关人员）康复工作开展情况。

现场查阅：计划制订情况。

监测要点

1. 有计划。

2. 有安全措施。

3. 按计划落实。

监测要求

1. 有计划

失能老年人日常训练是指日常生活和活动能力的训练，使病、伤、残者（包括先天性）能有效地保护其残存的生理功能，改善其生活质量。

（1）制订计划。计划包含两个方面（群体计划及个案计划），内容包括训练目标、项目内容、训练频次等。

①群体计划。综合考虑失能者的健康状况，拟定适合大多数失能者的训练项目。训练目标是对老年人的机能恢复或保持起一定的作用，项目内容宜选择 1~2 个，训练频次宜每周 1~2 次。

②个案计划。每个照护区域个案不少于 2 个。针对个人的失能状况，提出专项训练项目，如上下肢运动、行走训练、平衡能力训练等。训练目标是以对机能有所提高为主，选择一个项目内容并根据健康状况、残存能力及时调整，如使久卧者能坐起来、久坐者（含坐轮椅）能站起来或走起来。训练频次为每日至少 1~2 次。

（2）项目适宜。训练项目选择需符合老年人的机能及体能。

2. 有安全措施

（1）确保器械安全。训练前，检查器械各零部件，确保能正常安全使用。

（2）训练动作规范。动作需规范，避免给关节、肌肉、韧带带来意外的损伤。

（3）控制训练量。训练过程中，身体出现任何不适征兆，应适当降低训练量或停止训练。

3. 按计划落实

训练项目和频次基本按计划落实。

（五）认知障碍老年人进行益智康复训练状况

监测目的

努力使老年人保存残存的记忆，唤醒老年人沉睡的记忆。

监测方法

现场询问：（相关人员）康复工作开展情况。

现场查阅：康复训练计划、实施记录。

监测要点

1. 有计划。
2. 有安全措施。
3. 按计划落实。

监测要求

1. 有计划

计划内容至少包括训练目标、项目内容、训练频次。训练内容应根据病情发展、健康状况及时调整。

2. 有安全措施

（1）营造安全、温馨的环境。消除老年人的戒备心理，营造家的温馨感。

（2）注意情绪变化。如情绪变化较大，则选择更换训练方式。

（3）有安全防范措施。预防活动中走失及意外发生。

3. 按计划落实

训练项目和频次基本按计划落实。

注：

认知障碍的主要症状：认知能力退化（记忆力变差、健忘、判断力及计算能力退步，且时间、地点、方向感混乱）；产生精神症状（严重的可出现疑心、幻想、不安、被害妄想、被迫妄想等情形）；发生行为问题（日常生活能力退化，原本会做的事情可能渐渐不会做了）。

（六）预防保健宣教实施情况

监测目的

通过宣教，使老年人自觉采纳有益于健康的行为和生活方式，预防疾病，促进健康。

监测方法

现场查阅：预防保健宣教实施记录。

监测要点

1. 频次：每季度一次。
2. 内容贴切。
3. 有宣教记录。

监测要求

预防保健宣教内容包括卫生保健常识，常见病、慢性病的护理知识，疾病预防知识等。

1. 频次：每季度一次。

预防保健宣教活动（授课）确保不少于每季度一次。

2. 内容贴切

宣教内容与日常生活、疾病密切相关，并有科学依据。宜选择与季节相关的疾病进行宣教。例如，春季进行流感及过敏性疾病的宣教，夏季进行中暑及食物中毒的宣教，秋季进行慢阻肺知识的宣教，冬季进行心脑血管疾病的宣教。

3. 有宣教记录

每次宣教的主题及要点记录在案。

（七）入住老年人体检状况

监测目的

帮助老年人预防疾病、增强体质。

监测方法

现场询问：（医务人员）老年人体检开展情况。

现场查阅：年度体检报告。

监测要点

1. 频次：每年一次。
2. 有体检报告。
3. 主要体检项目齐全。

监测要求

1. 频次：每年一次

每年安排一次体检。

2. 有体检报告

（1）每个项目的检查有结论。

（2）有书面体检报告。

（3）妥善保管体检报告。

3. 主要体检项目齐全

主要体检项目包括体重、血压、心电图、胸片、肝肾功能等。

注：

行动极为不便者，胸片可以不作为主要体检项目。

五、社交娱乐

• 兴趣小组活动及大型活动开展情况

监测目的

有效开展各类活动，满足老年人文化娱乐等需求。

监测方法

现场询问：（相关人员）兴趣小组活动开展情况。
现场查阅：大型活动策划方案、活动记录。

监测要点

1. 有年度计划。
2. 符合体能特点。
3. 大型活动每年两次。
4. 大型活动有总结评价。

监测要求

1. 有年度计划

计划包含两个方面：兴趣小组活动及大型活动。

计划内容至少包括活动主要内容、活动时间安排、活动负责部门（人）、安全防范措施等。

（1）兴趣小组活动。兴趣小组包括影视小组、读报小组、书法小组、歌咏小组、拳操小组、手工小组、园艺小组、各类牌艺小组等（可按机构实际情况而定）。每个兴趣小组有活动主要内容、时间安排等。

（2）大型活动。大型活动包括节日、纪念日的庆贺活动或其他有意义的活动。每次大型活动开展应制订计划。

2. 符合体能特点

（1）时间适宜。活动开展时间不宜过长（兴趣小组活动不宜超过 1 小时，大型活动以 1~1.5 小时为宜)。

(2)体能适宜。每项活动适合老年人的体能,忌刺激性强的活动。

3. 大型活动每年两次

确保每年开展两次大型活动。

4. 大型活动有总结评价

总结评价内容包括活动总体情况、防范措施,以及有无异常情况发生和对存在的问题进行原因分析。

注:

大型活动计划表、大型活动总结评价表见表 1-8 和表 1-9。

表 1-8　　**大型活动计划表**

活动主题:	活动地点:
活动时间(预):　年　月　日	活动负责部门(人):
需配合部门:	拟参加人数:
活动具体安排:	
活动防范措施(可能出现的问题及解决方案):	

表 1-9　　**大型活动总结评价表**

活动主题:	活动地点:
活动时间:　年　月　日	参加人数:另附表单
活动总体情况(主题是否突出、防范措施是否落实):	
有无异常情况发生:　有□　无□ 发生事件描述: 原因分析: 整改措施: 记录人:　年　月　日	

六、心理/精神支持

（一）对新入住老年人环境适应关怀情况

监测目的

协助新入住老年人尽快适应新环境。

监测方法

现场询问：（护理员）对新入住老年人应从哪些方面进行关注，如何进行新环境与起居介绍。

现场查阅：（生活护理交班本）有反映关注点情况的描述。

监测要点

1. 熟知关注点。
2. 新环境与起居介绍。
3. 生活护理交班本有反映关注点情况的描述。

监测要求

1. 熟知关注点

关注点包括老年人的睡眠、饮食、情绪变化、认知情况、常见症状、异常主诉等。护理员应从关注点入手逐步熟悉新入住老年人的基本情况。

2. 新环境与起居介绍

（1）生活环境介绍。生活环境包括居室、卫生间、浴室、活动区域、卫生室等。

（2）周边人员介绍。周边人员包括同室老年人、护理员、医生等。

（3）起居作息时间介绍。

3. 生活护理交接班有反映关注点情况的描述

（1）关注点的交接应连续三天。

（2）每天有反映关注点情况的描述。

（3）针对异常情况，有对应护理措施的描述。

（二）对老年人出现的情绪变化提供相应服务情况

监测目的

掌握老年人情绪状况并及时予以干预。

监测方法

现场询问：（社工）如何对有情绪变化的老年人实施干预。

现场查阅：处置记录。

监测要点

1. 熟知风险点。
2. 有干预措施。
3. 有处置记录。

监测要求

1. 熟知风险点

风险点包括老年人的睡眠、饮食、慢性疾病折磨、突发疾病、人际矛盾、家庭变故等，针对风险点关注老年人情绪变化。

2. 有干预措施

老年人情绪变化表现为情绪不稳定、焦虑易怒、坐卧不安，容易因一点小事而难以自控、情绪悲观，产生无价值感、失落感、怀旧感。

老年人的情绪特点为自尊感和自卑感共存，空虚感和孤独感共生，焦虑感和抑郁感共伴，衰老感和怀旧感共现。

（1）及时发现，积极疏导。要多沟通，洞察情绪，寻找心理变化轨迹，了解内在需求。

（2）适时满足心理需求。要积极应答，给予老年人倾诉的机会，引导老年人释放不良情绪，启发诱导，化解不良情绪。

（3）提高沟通技巧。沟通技巧包含语言性沟通技巧和非语言性沟通技巧。语言性沟通技巧是指使用安慰性、鼓励性、劝说性、暗示性、指令性语言进行沟通。非语言性沟通技巧是指通过面部表情、目光接触、身体姿势、沟通距离、触摸等方式进行沟通。

3. 有处置记录

要建立个案服务处置记录。处置记录内容应包括老年人的基本信息、主要情绪和心理问题（或期待）、服务目标、服务过程、阶段工作小结、结案摘要等。

注：

个案服务处置记录见表 1-10。

表 1-10　　　　个案服务处置记录

老年人姓名		性别		床号		入院日期	
负责社工				记录日期：	年　月　日		
个案来源	□ 社工发现　□ 护理员发现　□ 本人求助　□ 他人求助　□ 其他						
主要情绪和心理问题（或期待）：							
服务目标：							
服务过程：							
阶段工作小结：							
结案摘要：							

第二篇 服务保障

一、人员管理

（一）主要岗位设置及人员资质符合要求情况

监测目的

满足养老机构有序运营的需要。

监测方法

现场询问：（院长）本机构主要岗位设置情况。
现场查阅：主要岗位人员资质材料。

监测要点

1. 主要岗位设置齐全。
2. 主要岗位人员资质符合要求。

监测要求

1. 主要岗位设置齐全

主要岗位至少包括院长岗位、专（兼）职入出院管理岗位、护理岗位（护理主管或护理班长、护理员）、医护岗位（内设医疗机构需有医护主管、医生、护士，非内设医疗机构需有医生）、社工岗位、食堂岗位［厨师、专（兼）职食品安全管理员］、设备管理岗位［专（兼）职设备主管、电梯安全管理员］、消防安全管理员、专（兼）职安全管理员等。主要岗位配置必须齐全，满足服务运行需求。

2. 主要岗位人员资质符合要求

（1）院长（常务院长）。具有大专以上学历，持有院长上岗证（由上海市养老服务行业协会颁发）、生产经营单位负责人安全培训证、消防管理人员证、上海市餐饮服务从业人员食品安全知识培训合格证（B类）。

（2）入出院管理员。熟悉养老服务管理的相关政策和规定，且善于协调与沟通。

（3）护理主管。取得本职业技能等级中级证书并累计从事本职业工作3年（含）以上，或具有医护专业背景并累计从事本职业工作3年（含）以上。

（4）护理班长。取得养老服务行业认定的职业技能等级证书或专项职业能力证书，并从事本职业工作3年（含）以上。

（5）护理员。取得养老服务行业认定的职业技能等级证书或专项职业能力证书。

（6）医护人员。内设医疗机构的医护人员持有资格证和执业证，非内设医疗机构的医护人员持有资格证。

（7）社工。持有社工师或助理社工师资格证书。

（8）厨师。持有厨师证。

（9）食品安全管理员。持有上海市餐饮服务从业人员食品安全知识培训合格证（A1类）。

（10）设备主管。持有安全生产管理人员安全培训证、消防安全管理培训证。

（11）电梯安全管理员。持有特种设备作业人员证（A4类）。

（12）消防安全管理员。持有消防安全管理员证或消防设施操作员证。

（13）安全管理员。持有安全生产管理人员安全培训证。

（二）护理员配置及各时段当班状态与标准相符状况

监测目的

护理员配比符合标准，当班护理员保持良好的工作状态。

监测方法

现场查看：（照护区域）今日当班护理员信息公示情况（需有当班护理员照片）。

现场询问：（护理员、老年人及家属）各时段护理员当班情况。

监测要点

1. 护理员总数及各时段护理员配置。
2. 护理员夜间当班状态。

监测要求

1. 护理员总数及各时段护理员配置

（1）护理员总数配置。护理员总数配置应符合 DB31/T 685《养老机构设施与服务要求》。

（2）各时段护理员配置。各时段护理员与入住老年人的配比应符合 DB31/T 685《养老机构设施与服务要求》。

2. 护理员夜间当班状态

夜间当班护理员不能以睡当班，应不间断巡视并按要求做好记录。

注：

1. 护理员与入住老年人的配比见表 2-1。

表 2-1　护理员与入住老年人的配比

照护等级	时间（以 24 小时计）	人员配比
重度	6：00—18：00	1∶8
	18：00—6：00	1∶16
中度	6：00—18：00	1∶20
	18：00—6：00	1∶40
轻度、正常	6：00—18：00	1∶40
	18：00—6：00	1∶80

2. 夜间行政值班人员不能作为夜间当班护理员计数。

（三）各部门主要岗位职责制定齐全情况

监测目的

明确各岗位工作的内容及承担的责任。

监测方法

现场询问：（相关岗位人员）对本岗位职责知晓情况（随机抽取 1~2 个岗位）。

现场查阅：主要岗位职责制定是否齐全且规范。

监测要点

1. 岗位职责齐全。
2. 岗位职责内容与实际工作相符。
3. 岗位职责知晓度。

监测要求

1. 岗位职责齐全

必须制定院长、入出院管理员、护理主管、护理班长、护理员、医务主管、医生、护士、社工、厨师、食品安全管理员、设备主管、电梯安全管理员、消防安全管理员、安全管理员等岗位职责，各岗位职责应齐全。

2. 岗位职责内容与实际工作相符

岗位职责内容包含本岗位应承担的责任及具体工作的内容。岗位职责内容书写原则应与实际工作相符，做什么工作就写什么内容。

3. 岗位职责知晓度

各岗位员工必须知晓本岗位的工作职责。

（四）员工教育培训情况

监测目的

全面提高从业人员素质。

监测方法

现场询问：（各岗位员工）培训效果。

现场查阅：培训计划、培训记录。

监测要点

1. 计划制订符合要求。
2. 培训对象全覆盖，培训频次符合要求。
3. 培训内容齐全。
4. 培训效果显著。
5. 记录完整。

监测要求

1. 计划制订符合要求

培训计划内容至少包括培训主题、培训方式、培训对象、培训频次等。

（1）各部门必须制订年度培训计划，且应覆盖本部门各岗位。

（2）培训计划应将培训内容有序安排，确保培训内容齐全。

2. 培训对象全覆盖，培训频次符合要求

（1）培训对象全覆盖。培训对象包括各部门在岗员工、转岗员工、新入职员工。

（2）培训频次符合要求。各岗位培训频次不少于每月一次，在岗培训覆盖率达100%。

3. 培训内容齐全

培训内容需满足各岗位工作要求。

（1）法律、法规、标准和规范性文件。主要内容至少包括《上海市老年人权益保障条例》《上海市养老机构条例》《养老机构设施与服务要求》《本市养老机构设置医疗机构的工作指南》《医疗机构消毒技术规范》《常用临床护理技术操作规范》《上海市医疗废物卫生管理规范》《中华人民共和国食品安全法》《餐饮服务食品安全操作规范》《中华人民共和国消防法》《重点单位重要部位安全技术防范系统要求》等。

（2）安全知识。安全知识包括护理安全知识、膳食安全知识、电气安全知识、燃

气（气瓶）安全知识、特种设备安全知识、消防安全知识等。

（3）服务管理的相应技能、制度、流程及实操训练等。

4. 培训效果显著

各岗位工作人员熟知培训内容，并能表述所培训的主要内容（至少一个培训主题）。

5. 记录完整

培训记录内容至少包括培训时间（月份）、培训主题（含要点）、培训对象、培训方式、培训人数，以及培训人员签到表、影像资料等。每次培训需做好相应的记录。

注：

培训记录表见表 2-2。

表 2-2　　培训记录表

培训时间		培训地点	
培训对象		培训人数	
培训主题		主讲人	
培训方式			
培训要点描述：			

二、入出院管理

（一）入住老年人入院评估及持续评估情况

监测目的

了解老年人生活能力和认知状况，确定照护等级，提供相应服务。

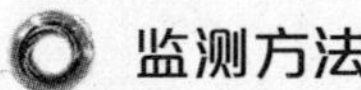

监测方法

现场查看：（照护区域）照护等级与老年人实际情况是否一致。

现场询问：（相关评估人员）开展持续评估情况。

现场查阅：入院首次评估、持续评估资料。

监测要点

1. 照护等级评估符合相关要求。
2. 照护等级与老年人实际情况相符。
3. 持续评估至少每年一次，且有评估记录。

监测要求

1. 照护等级评估符合相关要求

（1）依据 DB31/T 684《老年照护等级评估要求》进行照护等级评估。

（2）对每一个项目参数都需进行正确判断。对每一个项目参数的评判有具体描述，有针对评估结论的总描述。

2. 照护等级与老年人实际情况相符

根据评估结果确定照护等级。

3. 持续评估至少每年一次，且有评估记录

（1）持续评估每年不少于一次。照护内容不能满足需求时，应及时进行评估，调整照护等级。照护内容满足需求时，每年不少于一次持续评估。

（2）每次评估需有评估记录。

注：

建立由医务、护理、社工等人员组成的照护等级评估小组。

（二）入出院管理的相关事宜知晓情况

监测目的

了解入出院过程中应办理的各项事宜。

监测方法

现场询问：（入出院管理员）本岗位职责和入出院管理的相关事宜。

监测要点

1. 熟知本岗位职责。
2. 熟知合同内容。
3. 知悉现行各项收费规定。

监测要求

1. 熟知本岗位职责

（1）负责对外咨询接待，为入住老年人及相关方（家属或其他方）提供准确有效的服务信息。

（2）组织落实老年人入院前的调查访问及入院评估工作。

（3）按流程为老年人办理试住、入院、出院等各项事宜。

（4）签署入住合同时，负责详尽解读甲乙丙三方的权利义务、合同的变更和解除、违约责任、争议解决方式等。

（5）老年人入院后，与相关部门对接做好新入院老年人的安置工作。

（6）负责各类信息资料的收集工作，为每一位入住老年人建立住院档案。

（7）与相关部门保持联系，老年人照护等级及服务项目有变更时及时与担保人沟通，按相关规定调整合同中的变更事项。

（8）负责对养老服务的来访接待，来信、来电登记，及时将收集到的信息反馈给相关部门，并协助沟通。

（9）做好各类工作台账，保证各类资料的有效性与完整性。

2. 熟知合同内容

（1）熟知养老服务合同各条款。

（2）能重点解读合同条款。

3. 知悉现行各项收费规定

知悉各项收费项目、收费标准、收费办法的规定。

（三）养老服务合同有效性情况

监测目的

养老服务合同应符合合同法要求。

监测方法

现场查阅：（养老服务合同）合同范本。

监测要点

1. 合同条款内容符合要求。
2. 规范签订合同。

监测要求

1. 合同条款内容符合要求

合同主要条款内容应与 DB31/T 685《养老机构设施与服务要求》相符，条款内容包括但不限于服务内容、服务期限、收费标准、权利义务、合同的变更和解除、违约责任、其他约定、争议解决方式等。

合同中应附有首次服务项目确认表、首次入住健康状况说明、变更事项确认表。

合同宜采用养老服务行业推荐的示范文本。

2. 规范签订合同

（1）合同签订时，正文不应留空白，需全部填写完整（凡手工填写或签名的部分，应保证清晰可辨，签约用笔不能用圆珠笔）。

（2）合同附件按老年人实际情况填写完整。

（3）签名、盖章齐全。

（四）服务内容变更、合同终止记载情况

监测目的

全面了解老年人入住后的相应变更情况。

监测方法

现场询问：（护理部门、入出院管理员）本年度照护对象相应变更情况。
现场查阅：（养老服务合同）变更记载情况。

监测要点

1. 有相应的变更记载。
2. 变更记载经双方确认。

监测要求

1. 有相应的变更记载

（1）照护等级变更。老年人的照护等级变更后，服务内容、收费标准、外出约定、委托发放药品等相继会根据老年人情况有变更，需填写相关变更事项确认表。

（2）合同终止变更。老年人出院或死亡后，机构提供的服务终止，养老服务合同也随之终止，需填写养老服务合同终止记录表。

2. 变更记载经双方确认

（1）变更事项确认表必须经双方确认，方能生效。

（2）养老服务合同终止记录表必须经双方确认，方能生效。

注：

养老服务合同终止记录表见表 2-3。

表 2-3　　　　　　　　　养老服务合同终止记录表

<table>
<tr><td>姓名</td><td></td><td>性别</td><td></td><td>出生年月</td><td colspan="2"></td></tr>
<tr><td>入住区域</td><td></td><td>床号</td><td></td><td>身份证号</td><td colspan="2"></td></tr>
<tr><td>照护等级</td><td></td><td colspan="2">评估日期（末次）</td><td colspan="3"></td></tr>
<tr><td>担保人姓名</td><td></td><td colspan="2">担保人联系电话</td><td></td><td>担保人与
老年人关系</td><td></td></tr>
<tr><td>养老服务合同
终止原因</td><td colspan="6">出院　□
院内死亡 □　　　院外死亡 □
其他　□（需具体描述）</td></tr>
<tr><td rowspan="4">入出院管理部
处置情况</td><td colspan="6">原提供的各项服务于　　年　月　日予以终止</td></tr>
<tr><td colspan="6">原签约合同于　　年　月　日予以终止</td></tr>
<tr><td colspan="6">担保人签字盖章
年　月　日</td></tr>
<tr><td colspan="6">机构签字盖章
年　月　日</td></tr>
</table>

（五）老年人在院档案建立情况

监测目的

完整的档案资料便于了解老年人在院期间的基本情况。

监测方法

现场查阅：老年人入院及出院档案资料。

监测要点

1. 建立入院档案。
2. 建立出院档案。
3. 资料齐全。
4. 归档有序，装订整齐。

监测要求

1. 建立入院档案

入院时应为每一位老年人建立入院档案。

2. 建立出院档案

养老服务合同终止后应建立出院档案。

3. 资料齐全

（1）入院档案资料要求。入院档案资料至少包括入住申请表、调查访问表、审批表、照护等级评估材料、养老服务合同、体检报告（或近期出院小结）、老年人身份证和户口簿复印件、担保人身份证复印件及联系方式等。

（2）出院档案资料要求。出院档案资料至少包括入院档案、健康档案、养老服务合同终止记录表。

4. 归档有序，装订整齐

（1）归档有序

①入院档案资料排列顺序

A. 入住申请表。

B. 调查访问表。

C. 审批表。

D. 照护等级评估材料。

E. 养老服务合同。

F. 体检报告（或近期出院小结）。

G. 老年人身份证和户口簿复印件。

H. 担保人身份证复印件及联系方式等。

②出院档案资料排列顺序

A. 养老服务合同终止记录表。

B. 入院档案。

C. 出院档案。

③每人一档。资料归置于档案袋（盒）内。档案袋（盒）上的目录应按资料排列顺序设置。档案袋（盒）上填写归档编号、归档经办人姓名。出院档案袋（盒）另行

设置归档编号。

（2）装订整齐。资料排列顺序合理，同类型的资料可合订在一起，忌零散（零散的体检报告单可粘贴于 A4 纸上）。

三、收费管理

（一）养老服务收费情况

监测目的

机构收费符合相关规定，杜绝乱收费现象。

监测方法

现场查看：收费公示情况与实际收费情况是否一致。

现场询问：（收费人员）收费项目、办法、标准执行情况。

现场查阅：（养老服务合同）收费项目是否在合同中记载齐全，实际收费执行情况与合同约定及公示收费标准是否一致。

监测要点

1. 收费项目、办法符合要求。
2. 各项收费项目、标准在合同中有记载。
3. 实际收费执行情况与合同约定及公示相一致。
4. 价格调整符合要求。
5. 收费公示符合要求。

监测要求

1. 收费项目、办法符合要求

（1）收费项目

①基本养老服务收费

A. 保基本养老机构。床位费、护理费实行政府定价或政府指导价，成本实行分别核算、合理补偿。

a. 床位费成本

a）管理人员、后勤人员工资性支出，包括工资、福利、社会保险等。

b）公用费用支出，包括固定资产折旧费、租赁费、物业管理费、能源费、办公费、维修费、保险费等日常运行费用，以及收住老年人生活、保健、文化娱乐活动等费用。

c）其他正常运行费用支出。

b. 护理费成本

a）护理员及医护类专业技术人员的工资性支出，包括工资、福利、社会保险等。

b）护理员及医护类专业技术人员业务培训费。

B. 其他养老机构

a. 服务收费实行市场调节价。

b. 收费标准由养老机构合理制定，并向社会公示后执行。

c. 床位费和护理费水平应与经济社会发展水平、服务质量、入住老年人承受能力相适应。

②膳食费

A. 保基本养老机构根据物价水平合理制定膳食费标准，按非营利原则核定，实行单独核算，有结余自动滚存使用。

B. 其他养老机构根据物价水平合理制定膳食费标准，实行单独核算。

③代办服务性收费

A. 明确代办服务项目、服务方式和收费标准并进行公示，征求入住老年人或其家属意见后以书面合同方式予以约定。按规定进行收费和使用。

B. 按自愿且非营利原则执行。

C. 不自立项目、分解护理项目、扩大代办服务性收费项目，不以代办、特需等名目变相提高收费。

（2）收费办法

①床位费、护理费原则上以月计收。

②膳食费根据老年人实际消费情况，据实结算。

③代办服务性收费按次或按月计收。

④设立相应收费台账。

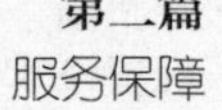

（3）其他补充说明

①水电费。养老机构对未独立安装水表、电表的床位不得另行收费。养老机构对独立安装水表、电表等的床位应每月设定基本免费额度，并在养老服务合同中约定，水、电、煤、气等价格按相关规定执行且按月计收。

②医药费。按规定提供的医药服务应按医药价格相关管理规定执行。

③机构对外提供服务，其收费标准由双方协商确定。

④退费

A. 合同期内退养的，按实际入住天数计收费用。

B. 合同期内因入住老年人（或担保人）原因，需离院但不退养的，双方协商并以书面合同方式确定收费办法。

C. 合同期满退养的，不退费。

2. 各项收费项目、标准在合同中有记载

（1）各项收费项目（含代办服务性项目）在合同中有记载。

（2）各项收费标准（含代办服务性项目）在合同中有记载。

3. 实际收费执行情况与合同约定及公示相一致

（1）实际收费项目、收费方式、收费标准与合同中相关收费约定相一致。

（2）实际收费项目、收费方式、收费标准与公示的相关收费内容相一致。

4. 价格调整符合要求

（1）床位费、护理费调整期限不少于 2 年。

（2）膳食费调整期限不少于 6 个月。

（3）床位费、护理费调整对已入住老年人应予以优惠并设置相应缓冲期，原则上不少于 3 个月。

（4）各项费用调整必须公示后方可执行。

5. 收费公示符合要求

（1）收费公示内容包括收费项目、服务方式、收费标准、投诉电话等。

（2）代办服务性收费需要公示代办服务项目、服务方式、收费标准。

（3）收费公示内容必须与实际执行相一致。

（4）公示方式能满足及时获取信息的需求。

（二）保证金收取、使用状况

监测目的

保证金收取、使用应符合行业要求。

监测方法

现场询问：（收费员）是否有收取保证金以外的其他款项。

现场查阅：保证金收取方式和归还情况。

监测要点

1. 收取额度符合要求。
2. 使用规范。

监测要求

1. 收取额度符合要求

（1）保证金收取额度按合同约定金额执行（符合行业要求，原则上不超过月服务费的 4 倍）。

（2）保证金初次应一次性足额收取。

（3）当保证金低于应收总额的 50%时，可再次补充收取至应收总额。

2. 使用规范

（1）属于缴费人所有。

（2）可用于补足月服务费、机构垫付的长期护理保险费、紧急医疗费等。

（3）在指定使用人离院时，应一次性退还余额。

（4）机构不得随意将保证金挪作他用。

四、信息管理

• 各类服务信息公示情况

监测目的

查看公示信息是否完整、真实、有效。

监测方法

现场查看：信息公示情况。

监测要点

1. 公示的信息内容完整、真实。
2. 信息变化及时在相关平台更新。
3. 公示醒目，布局合理。

监测要求

1. 公示信息内容完整、真实

（1）公示信息内容包括：①执业证照；②地理位置；③机构建筑面积；④核定床位数、现有床位数；⑤入出院流程；⑥相关收费项目、收费标准；⑦基本设施设备概况；⑧主要服务项目；⑨服务投诉途径、电话等。

（2）公示信息内容完整，其中基本设施设备概况应介绍生活、康复、医疗的设施设备概况等；主要服务项目应包括日常照护、清洁卫生、预防保健、社交娱乐、精神支持等项目；服务投诉途径、电话应包括上级主管部门的地址、邮编、电话，以及本机构接受投诉的部门、邮编、电话等。

（3）公示内容与机构现状相符。

2. 信息变化及时在相关平台更新

（1）关注信息变化状态。

（2）信息变化同步在市、区相关平台更新。

(3) 保持公示的信息与实际情况相符。

3. 公示醒目，布局合理

(1) 现场公示设置在主要出入口、办事窗口等醒目处。

(2) 信息公示布局归类合理，适合老年人查阅。

注：

1. 相关平台包括市、区民政局养老服务平台等。
2. 信息公示可采用印制宣传小册子、张贴告知、多媒体等方式。

五、感染管理

（一）感染管理工作落实情况

监测目的

建立健全感染控制体系，确保院内老年人不因院内感染而受到伤害。

监测方法

现场询问：（感染管理组长）感染管理小组职责，控制感染的措施，疑似传染老年人的处置规定。

监测要点

1. 成立感染管理小组。
2. 各层面职责分工明确。
3. 控制感染的措施到位。
4. 疑似传染病处置符合规定。

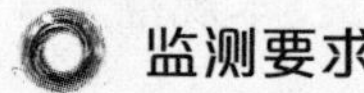

监测要求

1. 成立感染管理小组

感染管理小组成员由院长（分管医护）和医务、护理、后勤等部门主要负责人组成，组长由院长或者分管医护工作的副院长担任。

2. 各层面职责分工明确

（1）感染管理小组职责

①按现行相关法律法规及技术规范、标准制订院感染管理的工作计划、相关制度和控制预案。

②定期（每月一次）深入感染重点部门，按照 WS/T 367《医疗机构消毒技术规范》的规定进行技术指导，并对存在的问题提出有效措施且督促实施。

③建立会议制度，协调和解决有关感染管理方面的问题（每月不少于一次）。

④研究并制订本院发生感染暴发及出现不明原因传染性疾病等事件的预防控制预案。

⑤对相关人员进行预防和控制院内感染的培训。

⑥根据预防感染和卫生学要求，对本院的建筑设计、重点部门建设的基本标准、基本设施和工作流程进行审查并提出意见。

（2）各部门职责

①按感染管理小组要求落实各项清洁消毒工作，并进行管理。

②按相关规定对清洁消毒、无菌操作、医疗废物管理等工作进行培训、督导、检查、考核。

（3）各部门工作人员职责。按相关规定实施各项清洁消毒、无菌操作、医疗废物处置工作。

3. 控制感染的措施到位

（1）保持室内空气清新。开窗通风（上午、下午各一次），每次时间不少于 30 分钟。不能开窗通风或通风不良时，可使用电风扇、排风扇等通风。必要时使用循环风空气消毒机消毒或紫外线消毒（按使用说明书操作）。

（2）对易感人群控制。提供鼻饲、吸痰、导尿护理时，应符合《常用临床护理技术操作规范》的相关规定。

（3）严格手卫生管理。具体要求参照 WS/T 367《医疗机构消毒技术规范》。

（4）加强各部门清洁消毒管理

①遵循“先清洁、再消毒”的原则，采取湿式卫生清洁方式，并由上而下、由里到外、由洁到污有序进行。

②实地督查，确保各部门消毒项目不遗漏。各部门具体消毒区域、类别、方法参照 WS/T 367《医疗机构消毒技术规范》。

③加强培训力度，确保常规消毒严格按照 WS/T 367《医疗机构消毒技术规范》相关规定执行（传染性疾病疫情期间，要求在常规消毒基础上增加消毒频率，以当时下发文件为准）。

④结合每月考核，检查消毒管理落实情况。

4. 疑似传染病处置符合规定

（1）控制传染源，对已感染人群进行隔离。

①疑似感染的老年人安置在单人隔离房间，并限制人员出入。

②污染区与非污染区严格分开。疑似感染和已感染的老年人逗留过的场所，严格按规定进行消毒。

③各类设备和物品专用，且按规定消毒。

④密切接触者需要做好防护工作（穿隔离衣，戴帽子、口罩、手套），并及时按规定洗手。

⑤疑似感染者离院时，按规定做好终末消毒。具体参照传染性疾病相关规定执行。

（2）当院内感染暴发时，应于 24 小时内报告上级主管部门。

（3）发生传染病流行时，应及时报告所在地疾病控制部门。

（二）工作人员（医护人员、食堂工作人员）手卫生状况

监测目的

有效预防和控制病原体传播，降低院内感染发生率。

监测方法

现场查看：查看洗手设施及工作人员手卫生状况。

现场询问：（医护人员、食堂工作人员）能否按标准程序洗手。

监测要点

1. 能正确洗手。
2. 指甲符合要求。
3. 不佩戴外露饰物。
4. 有洗手设施。

监测要求

1. 能正确洗手

按标准程序洗手，用洗手液（肥皂）和流动水洗手。

（1）洗手步骤。在流动水下，充分淋湿双手；取适量洗手液（肥皂）均匀涂抹至手掌、手背、手指和指缝；按七步洗手法每一步认真揉搓10~15秒，清洗双手所有皮肤，包括指甲、指尖、指缝、指关节等易污染的部位。

（2）揉搓步骤。七步洗手法：掌心相对、手指并拢相互揉搓；手指交叉，掌心对手背揉搓，交换进行；手指交叉，掌心相对揉搓；弯曲手指，关节在掌心旋转揉搓，交换进行；拇指在掌中旋转揉搓，交换进行；指尖在掌中旋转揉搓，交换进行；手指并拢揉搓腕部，交换进行。

2. 指甲符合要求

剪短指甲，不涂指甲油、戴假指甲。

3. 不佩戴外露饰物

操作时，不佩戴外露饰物（包括手表）。

4. 有洗手设施

洗手设施包括水龙头、流动水、洗手液（肥皂）、干手物品。在工作区域内设置有流动水的洗手池、洗手液（肥皂）、干手物品。

（1）建议配备非手触式水龙头。

（2）应配备洗手液（肥皂），并使其保持清洁与干燥。

（3）应配备干手物品，避免二次污染。

注：

盛放洗手液（肥皂）的容器宜为一次性用品。重复使用的容器应每周消毒。

（三）食品管理符合监督管理规定情况

监测目的

确保食品安全。

监测方法

现场查看：库房储存食品现状，食品加工现状，就餐区域卫生现状。

现场询问：（工作人员）食品加工要求，餐用具的清洗、消毒、保洁要求。

现场查阅：供货单位资料，进货查验相关记录，紫外线消毒记录，食品留样记录。

监测要点

1. 食品采购、查验、储存。
2. 食品加工。
3. 备餐间卫生。
4. 餐用具清洗、消毒、保洁。
5. 就餐区域备餐、分餐卫生。
6. 餐厨废物处置。

监测要求

1. 食品采购、查验、储存

（1）采购

①选择的供货单位应具有合法资质，且证照齐全。必须将供货单位的卫生许可证、营业执照、生产许可证、商标注册证等相关证照复印件留存并建立档案。

②不得采购禁止经营的食品。水产类：河豚及其制品，毛蚶、泥蚶、魁蚶（赤

贝）、炝虾、织纹螺，死河蟹、死蟛蜞、死蟹虾、死黄鳝、死甲鱼、死乌龟、死的贝壳类，以及一矾或二矾海蜇。果蔬类：野蘑菇、鲜黄花菜等。

③禁止采购腐烂变质、超过保质期的食品。

④运输食品的工具应保持清洁，运输冷冻食品应有必要的保温设备。

（2）查验

①随货查验证明文件

A. 从商场、超市或其他市场批量或长期采购：索取并留存食品经营许可证、营业执照复印件（加盖公章），并索取发票或其他购销凭证。

B. 从生产单位或基地直接采购：索取并留存食品经营许可证、营业执照复印件（加盖公章）、产品检验合格证（加盖公章），并索取发票或其他购销凭证。

C. 从屠宰企业直接采购：索取并留存食品经营许可证、营业执照复印件（加盖公章）、动物产品检疫合格证（加盖公章），并索取发票或其他购销凭证。

D. 从总部统一配送：总部统一查验、索取并留存证照、产品检验合格证，建立采购记录。

②建立食品进货验收台账。根据食品药品监督管理部门要求建立“食品进货验收台账”。台账内容包括食品供货单位基本情况、餐饮单位食品原料进货验收台账两部分，按“填写说明”要求填写，见表 2-4 和表 2-5。

③入库查验

A. 食品包装完整、清洁、无破损，标志与内容物一致。

B. 冷冻食品无解冻后再次冷冻情况。

C. 食品具有正常的感官性状。

D. 食品在保质期内。

表 2-4 食品供货单位基本情况

单位名称	地址	联系人/联系方法	卫生许可证号	营业执照注册号	食品名称

表 2-5　　餐饮单位食品原料进货验收台账

进货日期：________年____月____日　　　　验收人签名：__________

序号	原料名称	规格	采购数量	生产单位/进口代理商名称	生产日期（批号）	保质期	供货单位名称	索证/索票

填写说明：

●本台账应指定专人负责，如实填写各项内容，并妥善保管以备食品药品监督管理部门核查。

●本台账中“食品供货单位基本情况”记录供货单位的基本信息。必须将供货单位的卫生许可证、营业执照、生产许可证、商标注册证等相关证照复印件留存并建立档案。

●本台账中“餐饮单位食品原料进货验收台账”记录每次进货食品的信息，并将食品进货相关票证存入供货单位档案。

●“规格”栏：散装食品填写“散装”，定型包装食品按包装标志填写。

●“供货单位名称”栏：如进货食品直接来源于生产企业或进口代理商的不要填写。

●“索证/索票”栏填写证票代号：A. 供货商的营业执照；B. 供货商的食品卫生许可证；C. 产品检验合格证或化验单（检验报告）；D. 肉类检疫合格证；E. 进口食品卫生证书；F. 熟食送货单；G. 豆制品送货单；H. 发票或其他购销凭证。来源于超市、卖场、食品店、批发市场、集贸市场等流通领域的，可免除C~G项内容。进货食品由总部统一配送的在该栏中注明总部配送即可。

（3）储存

①储存食品的场所、设备应保持清洁，无霉斑、鼠迹、苍蝇、蟑螂，仓库应通风良好，禁止存放有毒、有害物品及个人生活用品。

②食品应分类、分架、隔墙、离地存放，并定期检查、处理变质或超过保质期的食品（食品原料、食品添加剂、食品相关产品），并遵循“先进先出”的原则。

③散装食品（食用农产品除外）储存位置应标明食品的名称、生产日期、使用期限等，宜使用密闭容器储存。

④冷藏、冷冻等保温设施设备应定期清洗、除臭，温度计装置应定期校验，确保正常运转和使用。

2. 食品加工

（1）粗加工制作

①冷藏、冷冻食品出库后，应及时加工制作。食品原料不宜反复解冻、冷冻。

②各种食品原料在使用前必须洗净，蔬菜应与肉类、水产品分池清洗，禽蛋应在使用前对外壳进行清洗（清洗水池有标志）。

③接触食品的容器和工具不得直接放置在地面上或者接触不洁物。

（2）食品制作

①制作人员应穿工作服，衣帽整洁，头发置于帽内，并保持手部卫生。处理食品原料、直接入口食品的人员都应用流动水洗手。

②制作人员认真检查待加工食品及其食品原料，不符合要求的不得加工或使用。

A. 不使用无标签的预包装食品、食品添加剂。

B. 不使用被污染的食品、食品添加剂。

C. 不使用超过保质期的食品、食品添加剂。

D. 连续煎炸食品的食用油使用期限不得超过 12 小时，非连续煎炸食品的食用油使用期限不得超过 3 天；废弃的食用油应全部更换，不应以添加新油的方式延长使用期限；不得将回收菜肴中的油脂、煎炸老油等废弃油及来源不明的油脂用于食品加工过程中。

E. 禁止在食品中添加非食用物质（除了食品添加剂和食品原料以外的物质）。

③应及时使用或冷冻（藏）储存切配好的半成品。

④需要熟制加工的食品应烧熟煮透，其中心温度不低于 70℃，其加工制作温度和时间应能保证食品安全。

⑤加工后的熟制品与食品原料或半成品应分开存放。

⑥需冷藏的熟制品，应放凉后再冷藏，凡隔餐或隔夜的熟制品必须经充分加热后方可食用。

⑦原料、半成品、成品应分开存放，其盛放容器和加工制作工具应分类管理、分开使用、定位存放。

⑧调味料盛放的容器应保持清洁，使用后加盖存放。

⑨用于原料、半成品、成品的刀、砧板、桶、盆、筐、抹布及其他工具和容器必须标志明显，并分开使用、定位存放，用后应洗净并保持清洁。

⑩配送前的分装应在备餐间进行。进入备餐间的工作人员必须二次更衣，并戴好口罩、帽子。

3. 备餐间卫生

（1）门窗洁净，地面洁净、无明沟、无杂物堆放。

（2）备餐台无油渍、污渍、残渍。

（3）冷藏设备洁净无异味。

（4）紫外线消毒应在餐前进行（时间为 0.5 小时），灯管应无积灰、油污。

（5）紫外线灯管每周一次用酒精棉球擦拭清洁，并做好记录。

4. 餐用具清洗、消毒、保洁

（1）餐用具清洗

①餐用具应使用专用水池、布巾清洗，不得与清洗蔬菜、肉类等的其他水池混用，洗涤、消毒用的洗涤剂、消毒剂必须符合卫生标准和要求。

②手工清洗时，刮掉餐用具表面的食物残渣、用含洗涤剂的溶液洗净餐用具表面、用自来水冲去餐用具表面残留的洗涤剂。使用的洗涤剂应符合 GB 14930.1《食品安全国家标准　洗涤剂》相关规定。

③洗碗机清洗应按使用说明书操作。

（2）餐用具消毒。应该消毒的餐用具包括餐具、饮具、炊具（勺、铲）和盛放直接入口食品的容器（盆、桶等）。已消毒和未消毒的餐用具应分开存放。

①物理消毒

A. 采用蒸汽消毒时，温度一般控制在 100℃，作用时间为 20~30 分钟。

B. 煮沸消毒的作用时间为 15~30 分钟。

C. 采用红外线消毒时，按使用说明书操作。

D. 采用洗碗机消毒时，消毒温度、时间等应确保消毒效果满足国家相关食品安全标准要求。

②化学消毒

A. 应设置接触直接入口食品的餐用具的专用消毒水池。

B. 餐用具（包括盛放直接入口食品的容器）在消毒前应清洗干净，避免油垢影响消毒效果。

C. 餐用具（包括盛放直接入口食品的容器）消毒时应完全浸没于 250 mg/L 有效氯消毒液中，作用 30 分钟，或者其他消毒剂产品按使用说明书操作。

D. 消毒时，定时测量消毒液中有效消毒成分的浓度。有效消毒成分浓度低于要求

时，应立即更换消毒液或适量补充消毒剂。

E. 定时更换配置好的消毒液，一般每 4 小时更换一次。

F. 消毒后的餐用具（包括盛放直接入口食品的容器）表面的消毒液应冲洗干净，并沥干或烘干。

G. 使用的消毒剂应处于保质期内，并符合消毒产品相关标准，按照规定的温度等条件储存。

H. 严格按照规定浓度进行配制。

I. 固体消毒剂应充分溶解后使用。

（3）餐用具保洁

①消毒后的餐用具（包括盛放直接入口食品的容器）应定位存放在专用密闭保洁设备内，保持清洁。

②定期清洁保洁设备，防止清洗消毒后的餐用具受到污染。

③餐车每日送餐前后各清洁消毒一次，用 500 mg/L 有效氯消毒液擦拭，作用 30 分钟后用清洁布巾擦净。

5. 就餐区域备餐、分餐卫生

（1）定期清洁就餐区域的空调、排风扇，保持空调、排风扇洁净。

（2）保持地面、门窗、桌椅洁净无污垢。

（3）分餐人员穿戴清洁的工作服、工作帽、口罩，不得留长指甲、涂指甲油。

（4）如佩戴手套，佩戴前应对手部进行清洗和消毒。手套应清洁、无破损。手套应存放在清洁卫生的位置，避免受到污染。

（5）供餐过程中，应对食品采取有效防护措施，避免食品受到污染。使用传递设施（如升降笼、食梯、滑道等）时，应保持传递设施清洁。

（6）供餐过程中，应使用清洁的托盘等工具，避免操作人员的手直接接触食品（预包装食品除外）。

6. 餐厨废物处置

（1）干湿垃圾分类放置、及时清理，不得溢出存放容器。餐厨废物的存放容器应及时清洁，必要时进行消毒。

（2）应索取并留存餐厨废物收运者的资质证明复印件（需加盖收运单位公章或由收运者签字），并与其签订收运合同，明确各自的食品安全责任和义务。

(3) 应建立餐厨废物处置台账，详细记录餐厨废物的处置时间、种类、数量、收运者等信息。

注:

1. 紫外线消毒登记表见表 2-6。

表 2-6 紫外线消毒登记表

日期	消毒时间		紫外线灯管累计使用时间	操作人	灯管擦拭	操作人	备注
	早						
	中						
	晚						

2. 紫外线使用要求

(1) 紫外线灯管距离地面 2 m 以内安装。

(2) 紫外线灯管使用期限为 1 000 小时，使用时间累计达到 1 000 小时后应立即更换灯管。

(3) 每周一次用 75%酒精擦拭灯管，擦拭后再用干净的纱布擦干。

(四) 一次性医疗用品及医疗废物的管理情况

监测目的

有效预防和控制医疗废物对人体健康和环境产生的危害。

监测方法

现场查看：一次性医疗用品存放情况，医疗废物暂存点情况。

现场询问：(医护人员) 一次性医疗用品使用规定，医疗废物处置规定。

现场查阅：供货单位资料 (医疗器械生产或经营许可证、医疗器械产品注册证和产品合格证)，医疗废物处置合约。

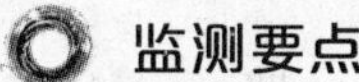

监测要点

1. 一次性医疗用品采购符合要求。

2. 一次性医疗用品使用符合要求。

3. 医疗废物处置符合要求。

监测要求

1. 一次性医疗用品采购符合要求

（1）购买一次性医疗用品时，应查看供货单位资质材料，要求证照齐全（医疗器械生产或经营许可证、医疗器械产品注册证和产品合格证）。

（2）查验一次性医疗用品的产品合格证、生产日期、消毒和灭菌日期、标志及失效期。

2. 一次性医疗用品使用符合要求

（1）一次性医疗用品使用遵循“先进先出”的原则。

（2）一次性医疗用品存放于阴凉干燥、通风良好的货架上（离地面大于等于 20 cm，离墙面大于等于 5cm）。

（3）一次性医疗用品使用前应检查包装有无破损、不洁、失效等。

（4）无菌棉球、纱布等小包装一次性医疗用品一经打开，应立即使用。

（5）碘酒、乙醇等皮肤消毒剂应采用小包装，如分装应每周更换两次。

（6）抽出的注射药液、开启的无菌溶液应注明时间，超过 2 小时不得使用。

（7）无菌物品应做到“一人一用一灭菌”，在有效期内使用。

（8）各种治疗车上层为相对清洁区，下层为相对污染区，利器盒应放在上层方便操作且不易污染的位置。

3. 医疗废物处置符合要求

医疗废物分为感染性废物、病理性废物、损伤性废物、药物性废物、化学性废物五大类。养老机构的医疗废物一般涉及感染性废物、损伤性废物、药物性废物、化学性废物四大类。

（1）医疗废物暂存点选址应距食品加工区 10 m 以上，因条件限制如选址靠近生活垃圾存放场所、人员活动区的，应当采取相应的隔离措施，设有各自的通道，方便医疗废物的收集、转运。

（2）临时收集医疗废物的盛器应当为脚踏式开启的封闭硬质盛器，并有警示标志。

（3）医疗废物的包装物或容器使用前应进行认真检查，确保无破损、渗漏和其他缺陷。

（4）感染性废物、药物性废物临时分别置于医疗废物专用包装袋内，专用包装袋应当置于硬质盛器中。

（5）化学性废物置于专用塑料桶内。

（6）损伤性废物使用防水耐刺的专用利器盒收集，且置入后不得随意取出。

（7）疑似传染病产生的医疗废物应按相关规定处置。

（8）医疗废物由专人管理，定时将临时收集医疗废物的包装袋扎紧袋口，贴上标签，送至医疗废物暂存点的周转箱内。

（9）医疗废物不得随意倾倒、混入生活垃圾、露天存放，应按相关规定储存并禁止买卖。

（10）转运医疗废物的时间和路线应当相对固定，转运路线应当以人流、物流最少或较偏僻为原则，转运过程中负责转运者不得离开转运车。

（11）医疗废物暂存点将医疗废物转运后，应对暂存点和使用的设施进行清洗和消毒，消毒方法应符合《医疗废物管理有关物品消毒方法》的规定，并记录清洗消毒的时间和人员，以及消毒剂的名称和浓度。

（12）应与有资质的机构签订医疗废物转运合同，双方有交接登记，登记内容至少包括医疗废物的来源、种类、重量或者数量、交接时间、最终去向、经办人签名等，所有记录单保存 3 年。

（13）医疗废物暂时储存时间最长不超过 48 小时。

【注：】

感染性废物是指含有病原体的医疗废物，人触摸到可能会被感染，如棉球、棉棒、引流棉条，以及其他各种敷料、一次性使用的卫生用品、一次性使用的医疗用品、一次性医疗器械等。

损伤性废物是指一些尖锐的医疗设备和仪器，如针头、缝合针、手术刀、手术锯、解剖刀、玻璃试管等。

药物性废物是指一些过期、变质、淘汰掉的药物，如非处方类药物、抗生素、免疫抑制剂、血液制品等。

化学性废物是指具有腐蚀性、废弃的化学用品及相关设备和仪器，如废弃的过氧乙酸、化学试剂、化学消毒剂、废弃的汞血压计等。

（五）各类保洁工具分类使用、放置及清洁状况

监测目的

有效保证院内环境整洁卫生，防止院内感染。

监测方法

现场查看：保洁工具分类使用、放置及清洁状况。

现场询问：（护理员）保洁工具分类使用方法。

监测要点

1. 分类使用。
2. 分类放置。
3. 清洁且按规定消毒。
4. 标志清晰。

监测要求

1. 分类使用

保洁工具指地布、布巾、保洁桶（盆）等。

（1）照护区域

①地巾分类。老年人居室、卫生间、污物间、公共部位等不同区域分类使用地巾。

②布巾分类。老年人居室及公共家具、餐桌、卫生间台盆、卫生间坐便器等分类使用布巾。

③保洁桶（盆）分类。地面与其他部位分类使用保洁桶（盆）。

（2）医务区域

①地巾分类。诊疗室、治疗室、药房分类使用地巾。

②布巾分类。诊疗室、治疗室、药房分类使用布巾。

③保洁桶（盆）分类。地面与其他部位分类使用保洁桶（盆）。

（3）厨房

①地巾分类。粗加工区域、食品制作区域（点心间）、备餐间、餐厅分类使用地巾。

②布巾分类。粗加工区域、食品制作区域（点心间）、备餐间、餐厅分类使用布巾。

③保洁桶（盆）分类。地面与其他部位分类使用保洁桶（盆）。

（4）其他公共场所

①地巾分类。公共区域、公共卫生间分类使用地巾。

②布巾分类。门窗（含门把手、窗把手、扶手）、公共卫生间台盆、公共卫生间坐便器分类使用布巾。

③保洁桶（盆）分类。地面与其他部位分类使用保洁桶（盆）。

（5）医疗废物暂存点

①地巾专用。

②布巾专用。

③地面与其他部位分类使用保洁桶（盆）。

2. 分类放置

（1）布巾、地巾选择合适部位分类悬挂。

（2）布巾、地巾悬挂位置保持适当距离，避免交叉感染。

（3）用于拖地的保洁桶（盆）与其他桶（盆）不要叠放在一起。

3. 清洁且按规定消毒

（1）地巾消毒频率为每日一次，清洗后用 500 mg/L 有效氯消毒液浸泡 30 分钟，清洗干净晒干备用。

（2）布巾消毒频率为每日一次，清洗后用 500 mg/L 有效氯消毒液浸泡 30 分钟，清洗干净晒干备用。

（3）保洁桶（盆）消毒频率为每日一次，清洗后用 500 mg/L 有效氯消毒液浸泡 30 分钟，充分干燥后倒置储存。

4. 标志清晰

（1）放置部位有清晰的标志。

（2）工具上的标志与放置部位的标志一一对应。

（六）重点区域环境卫生状况

监测目的

有效控制院内感染，为老年人创造安全舒适的生活环境。

监测方法

现场查看：重点区域环境卫生状况。

现场询问：（相关人员）重点区域应消毒的物品、方法及频率（随机抽取 1~2 个部门）。

监测要点

1. 无异味。
2. 洁净。
3. 消毒类别、方法符合相关要求。

监测要求

重点区域包括卫生间、污物间、浴室、医务区域（治疗室、处置室、药房）、医疗废物暂存点、厨房、洗衣房、电梯轿厢。

1. 无异味

空气清新，无异味。

2. 洁净

地面、墙面无积灰、污垢，环境整洁。

3. 消毒类别、方法符合相关要求

消毒应按照 WS/T 367《医疗机构消毒技术规范》执行。

（1）卫生间

①地面消毒频率为每日一次，用 500 mg/L 有效氯消毒液湿拖，作用 30 分钟后用清洁地巾拖净。

②坐便器消毒频率为每日一次，用 500 mg/L 有效氯消毒液湿擦，作用 30 分钟后

用清洁布巾擦净。

③洗手池（含水龙头）消毒频率为每日一次，用 250 mg/L 有效氯消毒液湿擦，作用 30 分钟后用清洁布巾擦净。

（2）污物间。地面消毒频率为每日一次，用 500 mg/L 有效氯消毒液湿拖，作用 30 分钟后用清洁地巾拖净。

（3）浴室

①地面消毒频率为每周一次，用 500 mg/L 有效氯消毒液湿拖，作用 30 分钟后用清洁地巾擦净。

②墙面消毒频率为每周一次，用 500 mg/L 有效氯消毒液湿擦，作用 30 分钟后用清洁布巾擦净。

（4）医疗区域（治疗室、处置室、药房）

①空气用紫外线灯管（悬吊式或移动式）照射消毒，作用 30 分钟后开窗通风。

②地面消毒频率为每周一次，用 500 mg/L 有效氯消毒液湿拖，作用 30 分钟后用清洁地巾拖净。

③治疗室台面消毒频率为每日一次，用 500 mg/L 有效氯消毒液湿擦，作用 30 分钟后用清洁布巾擦净。

（5）医疗废物暂存点

①地面每次医疗废物转运后消毒一次，用 500～1 000 mg/L 有效氯消毒液喷洒湿拖，作用 60 分钟后用清水拖净。

②墙面每次医疗废物转运后消毒一次，用 500 mg/L 有效氯消毒液喷洒、擦洗，作用 30 分钟后用清水洗净。

③周转箱（桶）、储存设施及其他有关物品表面及环境每次医疗废物转运后消毒一次，用 1 000 mg/L 有效氯消毒液喷洒、喷雾或擦拭，作用 60 分钟后用清水洗净。

④仪器设备每次医疗废物转运后消毒一次，用 500 mg/L 有效氯消毒液擦拭。

⑤防护耐热用品用流通蒸汽 100℃或压力蒸汽 121℃消毒，作用 20～30 分钟。

⑥防护耐湿用品（防护眼镜）每次医疗废物转运后消毒一次，用 1 000 mg/L 有效氯消毒液浸泡 30 分钟。

注：处置人员手与皮肤消毒时，使用 0.5%碘伏溶液（含有效碘 5 000 mg/L）浸泡或擦拭 1～3 分钟。

（6）厨房

①操作间地面消毒频率为每日一次，用洗洁精稀释液刷洗地面，刷洗后用清洁地巾拖净。

②备餐间、餐厅地面消毒频率为每日两次，用 500 mg/L 有效氯消毒液湿拖，作用 30 分钟后用清洁地布拖净。

③就餐桌面消毒频率为每日一次，用 250 mg/L 有效氯消毒液湿拖，作用 30 分钟后用清洁布巾擦净。

（7）洗衣房。地面消毒频率为每日一次，用 500 mg/L 有效氯消毒液湿拖，作用 30 分钟后用清洁地布拖净。

（8）电梯轿厢

①地面消毒频率为每日一次，用 250 mg/L 有效氯消毒液湿拖，作用 30 分钟后用清洁地布拖净。

②内壁消毒频率为每日一次，用 250 mg/L 有效氯消毒液擦拭（喷洒），作用 10~30 分钟。

③按钮、扶手表面消毒频率为每日一次，用 250 mg/L 有效氯消毒液擦拭（喷洒），作用 10~30 分钟。

六、服务质量监督

（一）相关服务制度和流程制定情况

监测目的

规范机构管理，提高服务质量。

监测方法

现场查阅：相关资料（主要服务制度、日常照护项目操作流程）。

监测要点

1. 制度齐全。

2. 主要服务操作流程齐全。

3. 内容有针对性。

监测要求

1. 制度齐全

（1）按管理运营要求制定相应的服务制度。

（2）制度符合上级相关部门以及行业的规定。

（3）制度包括但不限于以下几个方面。

①行政管理制度应包括合同管理、收费管理、信息管理、行政查房、教育培训等制度。

②服务管理制度应包括入出院管理、照护等级评估、院内感染管理、消毒管理、医疗废物处置管理、餐饮卫生管理、设施设备安全管理等制度。

③评价改进制度应包括服务质量考核、服务投诉处置、满意度测评等制度。

2. 主要服务操作流程齐全

（1）按服务和管理要求制定各项服务操作流程。

（2）流程符合相关部门以及行业的规定。

（3）流程包括但不限于晨间护理、晚间护理、喂食、鼻饲管喂食、床上擦浴、翻身叩背、压疮预防、开塞露通便、移动等。

3. 内容有针对性

（1）与机构实际情况相符合。

（2）制度、流程内容贴合机构实际，和岗位设置相匹配。

（二）院长实施行政查房及部门负责人现场实施考核情况

监测目的

了解院长日常管理的意识和能力，了解部门负责人监控服务质量的能力。

监测方法

现场查看：院长及部门负责人进行实地考核情况。

现场询问：（院长、部门负责人）各部门的考核要点。

监测要点

1. 能发现问题。
2. 会分析原因。
3. 有应对措施。

监测要求

1. 能发现问题

能发现问题是指在考核现场，会按相关考核要求比对现状，发现存在的不足，到现场能进行实地检查。

2. 会分析原因

能找出存在问题的原因，理清主客观因素，并关注同一问题是否重复出现。

3. 有应对措施

有应对措施是指在分析问题的基础上，能落实对应的整改措施。

（1）主观因素造成的问题即刻处置。

（2）客观因素造成的问题要制定临时应急措施。

（3）整改措施按问题主次或急缓程度先后实施。

（4）整改落实由相关部门或专人负责，并在下次查房时跟踪检查。

注：

主观因素一般指人员安排不合理，部门对接、协调不顺畅，部分员工对相关制度或流程知晓度不足等；客观因素一般指排除主观因素外的其他因素。

（三）服务质量考核情况

监测目的

监控并持续改进服务质量，不断提高服务水平。

监测方法

现场询问：（部门负责人、员工）是否按时实施考核。

现场查阅：各岗位考核细则、实施考核记录。

监测要点

1. 制定考核制度。
2. 制定各岗位考核细则。
3. 有实施考核记录且有汇总、分析记录。
4. 院部有每半年一次的质量评价且有记录。

监测要求

1. 制定考核制度

院部需要制定考核制度。考核制度内容应包括考核对象、考核方式、考核频次、考核内容、考核结果、反馈处置等。

2. 制定各岗位考核细则

各岗位是指主要岗位，应包括入出院管理岗位、社工岗位、护理岗位、医务岗位、食堂岗位、设备管理岗位等。

考核细则内容至少应包括考核内容、项目分值，项目分值权重要突出各岗位的重点工作内容。

考核细则制定原则是“做什么，考什么”，按岗位职责要求制定具体考核内容。

3. 有实施考核记录且有汇总、分析记录

考核记录记载每次考核的情况，即每个项目的得分情况及存在的问题。

（1）制定统一的考核表单。考核表单内容至少包括考核内容、项目分值、考核结果等。

（2）每次考核项目可根据当时工作重点予以抽取，每季度覆盖全部考核内容。

（3）各部门考核中发现的问题需汇总并分析原因。

4. 院部有每半年一次的质量评价且有记录

质量评价内容主要包括总结工作经验、分析存在的问题、提出整改措施及突出工

作成绩等。

服务质量评价必须形成书面材料，向全体员工进行通报，且每年不少于两次。

七、服务质量评价与改进

（一）投诉处置情况

监测目的

持续改进机构服务质量，满足老年人及家属的合理需求。

监测方法

现场查看：投诉渠道公示情况。
现场询问：本年度投诉情况。
现场查阅：相关投诉记录资料。

监测要点

1. 专人负责。
2. 渠道畅通。
3. 公示醒目。
4. 及时处置有记录。
5. 投诉汇总分析每半年一次且有记录。

监测要求

1. 专人负责

（1）专人负责投诉处理工作。

（2）设置投诉登记本，定期收集相关投诉信息。登记本内容至少包括投诉信息来源、投诉事项、处置情况等。

2. 渠道畅通

（1）设有多渠道投诉途径。

（2）投诉渠道相关信息正确。相关信息应包括主管部门的地址、邮编、电话号码，以及本机构的投诉电话、处理部门。

（3）公示信息有变更应及时更新。

3. 公示醒目

（1）意见箱设置的位置应醒目，方便老年人使用。

（2）投诉渠道公示的相关信息应清晰，方便老年人查阅。

4. 及时处置有记录

（1）及时回应各类投诉并有记录。

（2）不能及时答复时，应设法和投诉人保持有效沟通。

（3）处置完毕后，通过适当途径向投诉人反馈，并做好记录。

5. 投诉汇总分析每半年一次且有记录

（1）各类投诉信息每半年汇总一次。

（2）汇总后的投诉信息需进行分析，并关注同一事件是否有反复发生的现象。

（3）向相关部门（员工）通报投诉及处置情况。

（二）相关服务制度、流程梳理情况

监测目的

保证制度和流程符合国家、部委和行业规定。

监测方法

现场询问：（各部门主管）相关服务制度、流程梳理情况。

现场查阅：梳理总报告，梳理后生成的新制度和流程。

监测要点

1. 梳理每年一次。
2. 梳理情况有书面报告。

监测要求

1. 梳理每年一次

相关服务制度、流程的梳理工作是指查看机构现有相关服务制度、流程与国家、部委和行业最新发布的法律、法规和标准是否有悖，如有不符合必须予以修订。

（1）收集国家、部委和行业最新发布的法律、法规和标准。

（2）梳理工作前后听取各部门员工的意见和建议。

（3）对现有的相关服务制度、流程进行修订。

2. 梳理情况有书面报告

梳理情况报告内容应包括现有相关服务制度、流程的调整情况，调整的依据，调整后的主要内容。收集汇总各部门的梳理情况并形成书面报告。

（三）满意度测评情况

监测目的

了解入住老年人及家属对机构的满意度。

监测方法

现场询问：（老年人、家属）是否进行满意度测评。

现场查阅：满意度测评报告、测评原始资料。

监测要点

1. 频次不少于每年两次。
2. 有测评报告。
3. 有改进措施。

监测要求

1. 频次不少于每年两次

满意度测评的内容至少包括对服务提供、服务保障、服务安全等相关内容的满意程度。

(1) 制定满意度征询表。

(2) 满意度测评应至少半年一次。

(3) 参与测评的人数为入住老年人和家属的10%。

2. 有测评报告

(1) 满意度测评结果进行统计分析，并得出综合满意率。

(2) 院部会同责任部门对不满意或较满意事项进行原因分析。

(3) 对每一次满意度测评形成测评报告。测评报告内容至少包括测评范围、测评结论（总满意率、不满意及较满意事项、原因分析、改进建议）。

3. 有改进措施

(1) 测评结果及分析情况反馈到责任部门。

(2) 责任部门针对不满意的项目制定整改措施，并有效落实。

(3) 相关部门对整改落实情况进行验收。

(4) 召开民管会、座谈会、个别访谈会等，向老年人及家属反馈满意度测评和整改情况。

八、设施设备完好

（一）室内外无障碍设施完好使用状况

监测目的

确保老年人能够安全、方便地使用各种设施。

监测方法

现场查看：无障碍设施有无缺损现象，无障碍设施设计与标准相符情况。

监测要点

1. 设施无缺。
2. 设施无损。
3. 设施设计符合相关规定。

监测要求

1. 设施无缺

机构涉及的无障碍设施包括无障碍出入口、台阶、坡道、通道、扶手、楼梯、门窗、阳台、平台、卫生间（厕位）、浴室等。

无障碍设施设置的具体位置应符合表 2-7 的规定。

表 2-7　　养老设施建筑及其场地无障碍设施设置的具体位置

室外场地	道路及停车场	主要出入口、人行道、停车场
	广场及绿地	活动场地、服务设施、活动设施、休憩设施
建筑	交通空间	主要出入口、门厅、走廊、楼梯、坡道、电梯
	生活用房	居室、单元起居厅、餐厅、卫生间、盥洗室、浴室
	公共活动用房	开展各类文娱、健身活动用房
	康复医疗用房	医务室、治疗室、处置室、康复室、心理疏导室
	管理服务用房	入住登记室、接待室等

2. 设施无损

定期检查，及时修缮，保证设施能正常使用。

3. 设施设计符合相关规定

（1）主要出入口。主要出入口室内外高差不宜大于 0.5 m，应设置缓坡过渡或同时设置缓步台阶及无障碍坡道过渡。

①缓坡出入口的地面坡度不应大于 1/50，当仅设置缓坡过渡时，其有效宽度不应小于 1.5 m。

②缓步台阶踏步宽度宜为 0.38~0.4 m，高度宜为 0.1~0.12 m；台阶的有效宽度不应小于 1.5 m，当台阶宽度大于 3 m 时，中间宜加设安全扶手。

③无障碍坡道的坡度不应大于 1/20，净宽不应小于 1.2 m，其连续坡长不宜大于 6 m，休息平台宽度不应小于 2 m。

④台阶坡道两侧应设置连续栏杆扶手。

⑤主要出入口的门严禁采用旋转门，门开启时净宽不应小于 1.2 m，其内外应留有不小于 1.5 m×1.5 m 的轮椅回旋余地。

⑥主要出入口的地面、台阶、坡道应平整、防滑、无反光，并应有防积水措施，均采用防滑材料铺装。

（2）台阶

①台阶踏步应防滑。

②三级及三级以上的台阶应在两侧设置扶手。

③台阶上行及下行第一级在颜色上与其他级应有明显区别。

（3）坡道

①通道上有高差时，应设置轮椅坡道，坡度不应大于 1/12。

②轮椅坡道的净宽不应小于 1.2 m。

③轮椅坡道起点、终点和中间休息平台的水平长度不应小于 1.5 m。

④轮椅坡道的高度超过 0.3 m，且坡度大于 1/20 时应在两侧设置扶手，坡道与休息平台的扶手保持连贯。

⑤坡面应平整、防滑、无反光。

⑥在坡道临空侧的栏杆下端应设置高度不小于 5 cm 的安全挡台。

⑦坡道颜色应与周围区分，并在起止处设置警示条。

⑧室内同层有不可避免的高差时，应以缓坡过渡，并符合下列要求。

A. 室内坡道净宽不小于 1.2 m。

B. 坡度不大于 1/12。

C. 高度不大于 0.5 m。

D. 水平长度不大于 6 m。

E. 坡道设置双侧扶手，地面做防滑处理。

F. 坡道两侧临空时，设置高度不小于 5 cm 的安全挡台。

G. 坡道颜色与周围区分，并在起止处设置警示条。

（4）过厅、走道

①老年人经过的过厅、走道、房间不应设门槛，地面不应有高差。当地面有高差时应采用不大于 1/12 的坡道连接过渡。

②室内走道通行净宽不应小于 1.8 m，确有困难时不应小于 1.4 m；当走廊通行净宽大于 1.4 m 且小于 1.8 m 时，走廊中应设置通行净宽不小于 1.8 m 的轮椅错车空间，

错车空间间距不宜大于 15 m。

③通道墙面不应有凸出构造。凸出通道墙面装修完成面的设施、装饰、标志等，其下缘离地高度不应小于 2 m。当小于 2 m 时，其凸出装修完成面不应大于 0.1 m。

④扶手。老年人经过及使用的公共空间应沿墙安装扶手并应符合下列要求。

A. 走道两侧设置扶手。

B. 扶手离地面高度为 0.85～0.9 m。双层设置时，离地面高度上层为 0.85～0.9 m，下层为 0.65～0.7 m。

C. 扶手保持连贯，靠墙面扶手的起点与终点处水平延伸不小于 0.3 m。最小有效长度不小于 0.2 m。

D. 扶手末端应向内拐到墙面或向下延伸不小于 0.1 m，栏杆式扶手向下成弧形或延伸到地面上固定。

E. 扶手内侧离墙面距离不小于 4 cm。

F. 扶手安装坚固，形状易于抓握。圆形扶手的直径宜为 3.5～4 cm，矩形扶手的截面尺寸宜为 3.5～4 cm。

G. 扶手选用防滑耐用、手感好的材料。

（5）门窗

①老年人使用的门应符合下列要求。

A. 居室门开启时，净宽不小于 1 m；自动门开启后，通行净宽不小于 1 m。

B. 护理型床位的居室门开启净宽不小于 1.1 m。

C. 浴室、卫生间门开启净宽不小于 0.9 m。

D. 含有 2 个或多个门扇的门，至少应有 1 个门扇的开启净宽不小于 0.9 m。

E. 在门扇内外应留直径不小于 1.5 m 的轮椅回转空间。

F. 室内采用推拉门时，宜在推拉门开门一侧墙面内外加装竖向固定扶手。

②老年人使用的窗应符合下列要求。

A. 可开启的外窗距地面的高度不低于 1 m，并宜采用推拉窗。

B. 认知障碍照护单元居室的外窗设置限位窗，限位宽度不大于 0.11 m。

C. 外窗不得设置影响救援的逃生装置。

（6）阳台平台

①开敞式阳台护栏高度不应低于 1.1 m，距地面 0.35 m 高度范围内不得留空，护栏杆件间距不得大于 0.11 m，在临空处不应设置可攀登的扶手，并应采取防坠落

措施。

②认知障碍照护单元居室宜采用封闭式阳台，栏杆、护板的设计应方便老年人以坐、立两种姿势观望。

③阳台与居室之间的地面高差应做缓坡。

④室内、外廊悬空平台的护栏高度不应低于 1.3 m，护栏杆件间距不得大于 0.11 m。

⑤上人屋顶平台，其女儿墙护栏高度不应低于 1.2 m，在临空处不应设置可攀登的扶手，且距地面 0.35 m 高度范围内不应留空。

（7）楼梯

①不得采用扇形踏步，平台内不得设置踏步，各级踏步应一致，踏步下方不得留空。

②应设置双侧扶手，扶手高度为 0.9 m，扶手栏杆的杆件间距不得大于 0.11 m。梯井宽度大于 0.2 m 的梯井侧及室外楼梯的临空侧，其栏杆高度不应低于 1.1 m。

③应设置双侧扶手，扶手高度为 0.9 m，扶手栏杆的杆件间距不得大于 0.11 m。梯井宽度大于 0.2 m 的梯井侧及室外楼梯的临空侧，其栏杆高度不应低于 1.1 m。

④楼梯护栏宜设置竖杆，杆件间距不得大于 0.11 m。

⑤踏步侧面临梯井或临空时，在栏杆下端宜设置高度不小于 5 cm 的安全挡台。

⑥采用不同颜色区分踏步与走道。

（8）卫生间（无障碍卫生间）

①入口和室内空间应便于轮椅进出，回转直径不小于 1.5 m，并留有助厕操作空间。

②卫生间地面与相邻房间地面不应有高差，地面应采用防滑耐磨材料。

③便器应为坐式，坐便器高度宜为 0.4 m，坐便器旁应设置扶手，距地面高度 0.7 m。

④在坐便器旁的墙面上应设置高为 0.4~0.5 m 的救助呼叫按钮。

⑤卫生间的其他无障碍设施应符合下列规定。

A. 无障碍小便器下口距地面高度不应大于 0.4 m，小便器两侧应在离墙面 0.25 m 处设置高度为 1.2 m 的垂直安全抓杆，并在离墙面 0.55 m 处设置高度为 0.9 m 的水平安全抓杆，与垂直安全抓杆连接。

B. 无障碍洗手盆的水嘴中心距侧墙应大于 0.55 m，其底部应留出宽 0.75 m、高

0.65 m、深 0.45 m 的空间供乘轮椅者膝部和足尖部移动，并在洗手盆上方安装镜子，出水龙头宜采用杠杆式水龙头或感应式自动出水龙头。

⑥入口处应设置无障碍标志。

（9）无障碍厕位。如不设置无障碍卫生间，则男女卫生间的无障碍设施应至少包括 1 个无障碍厕位和 1 个无障碍洗手盆。无障碍厕位应符合下列规定。

①无障碍厕位应方便乘轮椅者到达和进出，尺寸宜做到 2 m×1.5 m，不应小于 1.8 m×1 m。

②无障碍厕位的门宜向外开启，如向内开启，需在开启后厕位内留有直径不小于 1.5 m 的轮椅回转空间，门的通行净宽不应小于 0.8 m，平开门外侧应设置高 0.9 m 的横扶把手，在关闭的门扇里侧设置高 0.9 m 的关门拉手，并设置门外可紧急开启的插销。

③厕位内应设置坐便器，厕位两侧距地面 0.7 m 处应设置长度不小于 0.7 m 的水平安全抓杆，另一侧应设置高 1.4 m 的垂直安全抓杆。

（10）浴室

①入口和室内空间应便于轮椅进出，回转直径不小于 1.5 m，并留有助浴操作空间。

②淋浴间应设置距地面高 0.7 m 的水平抓杆和高 1.4~1.6 m 的垂直抓杆，方便乘轮椅者进入和使用。

③地面不应有高差，洗浴区内外不应采用挡水坎，宜采用截水沟。

④浴室地面应防滑、不积水。

⑤应设置一个无障碍厕位，空间便于轮椅回转，回转直径不小于 1.5 m，并留有助厕操作空间。便器应为坐式，坐便器高宜为 0.4 m，坐便器旁应设置扶手，距地面高度为 0.7 m。

（二）主要场所设施设备完好使用状况

监测目的

设备齐全，给老年人生活带来便利。

监测方法

现场查看：设施设备配置有否缺损。

监测要点

1. 配置无缺。

2. 设施设备无损。

监测要求

1. 配置无缺

主要场所指居室、单元起居厅、卫生间、浴室、污物处理间、照护站、医务用房、康复用房、活动用房、厨房、洗衣房、医疗废物暂存点、设备用房等。

（1）居室。居室至少应配置床、床头柜、橱柜、座椅（座椅高度应为 0.4~0.45 m，并有扶手）、降温和保暖设备。

（2）单元起居厅。单元起居厅是指供照护单元内的老年人开展日常起居活动的空间，至少应配置桌子、座椅或沙发，并应有降温和保暖设备。

注：

单元起居厅如兼就餐区域，则应设置专用洗手池；如兼活动室，则应配备电视机、橱柜等。

（3）卫生间。卫生间至少配置盥洗盆、坐便器。如居室内未单独设置卫生间，则坐便器数量应按所服务的老年人床位数测算，每 6~8 床设一个。

（4）浴室。浴位数量应按老年人床位数测算，每 8~12 床位设一个浴位，其中轮椅专用浴位数量不少于总浴位数量的 30%，且不应少于一个。浴室内至少配置淋浴器、助浴器具、衣物柜、坐凳、坐便器和取暖设备。浴室内设置一个无障碍厕位。

（5）污物处理间。污物处理间至少配置便器消毒设施和各类洁具清洗消毒专用水池。污物管道应采取防异味措施。

（6）照护站。照护站至少配置呼叫信号显示装置和满足照护工作需求的橱柜。

（7）医务用房。按内设医疗机构性质，各类用房配置应符合相关规定。

（8）康复用房。康复用房配备与康复需求相适应的设备。

(9) 活动用房。活动用房至少配置桌椅、橱柜、电视机等相应设备，以及降温、保暖设备。

(10) 厨房。厨房至少设有通风排烟设施、库房及冷冻（藏）设施、加工制作设施设备、清洗消毒保洁设施设备。

①通风排烟设施

A. 产生油烟的设备上方设置机械排风及油烟过滤装置，过滤器要便于清洁、更换。

B. 产生大量蒸汽的设备上方设置机械排风排汽装置，并做好凝结水的引泄。

C. 排气口设置易清洗、耐腐蚀并能防止有害生物侵入的网罩。

D. 专间应设置独立的空调设施，并定期清洁消毒空调及通风设施。

②库房及冷冻（藏）设施

A. 库房应设置通风、防潮及防止有害生物侵入的装置。

B. 同一库房内储存不同类别食品和非食品（如食品包装材料等），应分别设置存放区域，不同区域有明显的区分标志。

C. 库房内应设置足够数量的存放架，其结构及位置能使储存的食品和物品离墙离地，距离地面应在 10 cm 以上，距离墙壁宜在 10 cm 以上。

D. 设有存放清洗消毒工具和洗涤剂、消毒剂等物品的独立隔间或区域。

E. 根据食品储存条件，设置相应的食品库房或存放场所，必要时设置冷冻库、冷藏库。

F. 冷冻柜、冷藏柜应有明显的区分标志。冷冻（藏）柜（库）应设置可正确显示内部温度的温度计，宜设置外显式温度计。

③加工制作设施设备

A. 设备、容器和工具与食品的接触面应平滑、无凹陷或裂缝，内部角落部位应避免有尖角，便于清洁，防止聚积食品碎屑、污垢等。

B. 各类工具和容器应有明显的区分标志，可使用颜色、材料、形状、文字等方式进行区分。

C. 设备的摆放位置应便于操作、清洁、维护和减少交叉污染。

D. 固定安装的设施设备应安装牢固，与地面、墙壁无缝隙，或保留足够的清洁、维护空间。

④清洗消毒保洁设施设备

A. 清洗消毒保洁设施设备容量和数量应能满足加工制作和供餐需要，并应放置在专用区域。

B. 清洗食品原料、清洗餐用具、清洗保洁工具的水池应分开。

C. 各类水池应使用不透水材料（如不锈钢、陶瓷等）制成，不易积垢，易于清洁，并以明显标志标明其用途。

D. 备餐间设置专用洗手设施，水龙头宜采用脚踏式、肘动式、感应式等非手触动式开关。

E. 采用化学消毒方法时，应设置接触直接入口食品的工用具的专用消毒水池。

F. 应设置存放消毒后餐用具的专用保洁设施，标志明显，易于清洁。

（11）洗衣房

①按分类清洗要求配置清洗衣物、床上用品、疑似传染性衣物的洗衣机。

②配置洁污衣物盛放容器。

③洗衣区域内至少配置 2 个水池（预洗、浸泡消毒），并以明显标志标明其用途。

（12）医疗废物暂存点

①医疗废物暂存点地面、墙面平整，不得存在洞穴或缝隙。

②医疗废物暂存点有防渗漏、防鼠、防蟑螂、防盗等安全措施（可开启的窗应安装铁栅栏和纱窗，出入门应安装能自动关闭的纱门，木门或下面存在较大缝隙的门下面应钉上 30 cm 的防鼠板）。

③暂时储存的设施设备应密闭上锁。暂时储存设备应固定，不易移动。

④医疗废物暂存点配置紫外线灯管、排风扇，以及工作人员的手套、围裙、防水靴等。

⑤医疗废物暂存点周边有水源。

⑥医疗废物暂存点设置明显的警示标志。

（13）设备用房。设备用房包括配电间、消防监控室、50 kg 液化气储存室、医用氧气瓶存放室。设备配置应符合相关标准，保证安全。

2. 设施设备无损

主要场所设施设备定期检查，及时修缮，保证能正常使用。

（三）各区域照明设施完好使用状况

监测目的

关注老年人居住环境照明情况，保证老年人用电安全。

监测方法

现场查看：各区域照明设施配置及完好情况。

监测要点

1. 设施齐全。
2. 设施无损。
3. 设施安全。

监测要求

1. 设施齐全

（1）居室、卫生间、浴室、出入口、平台、阳台、走道、楼梯等部位应有照明设施，宜选用暖色节能光源且照度适宜。

（2）居室内应配置顶灯、床头灯、脚灯等照明灯具，宜选用暖色节能光源，照度应符合本市现行工程建设规范的有关规定。

2. 设施无损

上述区域已配置的照明设施要定期检查，及时修缮，确保无损坏。

3. 设施安全

（1）应按居住单元设置配电箱。

（2）脚灯应嵌装，位置应设在居室至居室卫生间的走道墙面距地 0.4 m 处。

（3）应选用带夜光指示宽板的照明开关（安装高度宜距地面 1~1.2 m）。

（4）电源插座应采用安全型电源插座。居住用房的卧室床头和卫生间内应预留安全型电源插座。

（四）紧急呼叫系统完好使用状况

监测目的

合理安装紧急呼叫系统且能满足服务需求。

监测方法

现场查看：紧急呼叫系统是否安装到位，传输方式能否满足需求，安装位置是否适宜。

监测要点

1. 安装无缺。
2. 信号传输方式能满足需求。
3. 安装位置适宜。

监测要求

1. 安装无缺

居室、公共起居厅、卫生间、浴室更衣区域、公共活动区域均需安装紧急呼叫装置。

2. 信号传输方式能满足需求

（1）接收信号的方式必须及时有效，满足服务需求。

（2）如安装呼叫显示屏，应在护理员服务范围内视线可及。

3. 安装位置适宜

紧急呼叫装置安装位置适宜且触摸方便，高度应为 0.9~1.2 m，宜采用拉绳式。卫生间紧急呼叫装置设置高度应为 0.4~0.5 m。

（五）电梯无障碍设施完好使用状况

监测目的

方便老年人安全使用电梯。

监测方法

现场查看：电梯内无障碍设施完好使用状况，紧急呼叫装置使用情况。

监测要点

1. 电梯按规定设置。
2. 配置对讲机或电话等紧急呼叫装置。
3. 按钮、扶手、镜面按规定设置且无损。
4. 有电梯运行显示装置及报层音响。
5. 无障碍标志按规定设置。

监测要求

1. 电梯按规定设置

二层及以上楼层、地下室、半地下室设置老年人用房时，应设电梯，电梯应为无障碍电梯，且至少有 1 台电梯可容纳担架。

老年人用房包括生活用房、医疗保健用房、公共活动用房。

2. 配置对讲机或电话等紧急呼叫装置

按无障碍要求配置对讲机、电话等紧急呼叫装置，便于发生故障时及时援救。

3. 按钮、扶手、镜面按规定设置且无损

（1）轿厢内各种按钮应安装在侧壁易于识别和触及处，按钮数字应明显。

（2）轿厢内壁应安装扶手，距地高度为 0.85~0.9 m。

（3）轿厢后壁上应设镜子或采用镜面材料。

4. 有电梯运行显示装置及报层音响

（1）电梯楼层指示器的数字应明显。

（2）设有报层音响。

5. 无障碍标志按规定设置

在电梯入口处应设置无障碍标志。

九、标志完好

• 各类标志完好使用状况

监测目的

规范标志的设置及使用。

监测方法

现场查看：各类标志设置是否齐全、正确、完好。

监测要点

1. 标志齐全且设置符合要求。
2. 标志完好。
3. 标志醒目。

监测要求

1. 标志齐全且设置符合要求

（1）养老机构涉及的标志类型。养老机构涉及的标志包括通用符号、无障碍设施符号、安全标志、消防安全标志。

①通用符号：包括方向、入口、出口、出入口、楼梯、电梯、男、女、卫生间、手续办理（接待）、电话、停车场、自行车停放处、废物箱、允许吸烟、请勿吸烟等符号。

②无障碍设施符号：包括无障碍设施、无障碍电话、无障碍电梯、无障碍坡道、无障碍通道、无障碍停车位、无障碍卫生间等符号。

③安全标志

A. 禁止标志：包括禁止吸烟、禁止烟火、禁止带火种、禁止用水灭火、禁止放置易燃物、禁止堆放、禁止通行、禁止跨越、禁止攀登、禁止倚靠等标志。

B. 警告标志：包括注意安全、当心火灾、当心感染、当心触电、当心障碍物、当心跌落、当心滑倒、当心落水等标志。

C. 指令标志：包括必须洗手等标志。

D. 提示标志：包括安全出口等标志。

④消防安全标志：包括火灾报警装置标志、灭火设备标志、禁止和警告标志、紧急疏散逃生标志、方向辅助标志、文字辅助标志等。

A. 火灾报警装置标志：包括消防按钮、发声报警器、火警电话、消防电话等标志。

B. 灭火设备标志：包括灭火设备、手提式灭火器、消防软管卷盘、地下消火栓、地上消火栓、消防水泵接合器等标志。

C. 禁止和警告标志：包括禁止吸烟、禁止烟火、禁止放易燃物、禁止燃放鞭炮、禁止用水灭火、禁止阻塞、禁止锁闭、当心易燃物等标志。

D. 紧急疏散逃生标志：包括安全出口、滑动开门、推开、拉开、击碎板面、逃生梯等标志。

E. 文字辅助标志：由图形标志的名称用黑体字写出来加上适当的底色构成，应该与图形标志组合使用。

（2）图形符号所传递的信息应清楚、明确且符合设置规则

①通用符号应符合 GB/T 10001.1《公共信息图形符号　第 1 部分：通用符号》的要求，见表 2-8。

表 2-8　通用符号

图形	名称	说明
←	方向	表示方向，用于公共场所、建筑物、服务设施、方向指示牌、平面布置图等。符号方向视具体情况设置
	入口	表示入口位置或指明进去的通道，用于公共场所、建筑物、服务设施、方向指示牌、平面布置图等。设置时可根据具体情况改变符号的方向
	出口	表示出口位置或指明出去的通道，用于公共场所、建筑物、服务设施、方向指示牌、平面布置图等。设置时可根据具体情况改变符号的方向

续表

图形	名称	说明
	出入口	表示出入口的位置或指明出入的通道，应用时可根据实际情况将图形旋转90°或180°
	楼梯	表示上下共用的楼梯，不表示自动扶梯。用于公共场所、建筑物、服务设施、方向指示牌、平面布置图等
	上楼梯	表示仅允许上楼的楼梯，用于公共场所、建筑物、服务设施、方向指示牌、平面布置图等
	下楼梯	表示仅允许下楼的楼梯，用于公共场所、建筑物、服务设施、方向指示牌、平面布置图等
	电梯	表示公用电梯，用于公共场所、建筑物、服务设施、方向指示牌、平面布置图等
	男	表示专供男性使用的设施，如男卫生间、男浴室等。用于公共场所、建筑物、服务设施、方向指示牌、平面布置图等
	女	表示专供女性使用的设施，如女卫生间、女浴室等。用于公共场所、建筑物、服务设施、方向指示牌、平面布置图等
	卫生间	表示卫生间，用于公共场所、建筑物、服务设施、方向指示牌、平面布置图等，设置时符号中男、女图形的位置应根据具体情况确定
	手续办理接待	表示办理手续或提供接待服务的场所等
	电话	表示提供电话服务的场所，用于公共场所、建筑物、服务设施、方向指示牌、平面布置图、信息板等

续表

图形	名称	说明
	停车场	表示供机动车停放的场所，用于公共场所、建筑物、服务设施、方向指示牌、平面布置图等
	自行车停放处	表示供自行车停放的场所，用于公共场所、建筑物、服务设施、方向指示牌、平面布置图等
	废物箱	表示供人们扔弃废物的设施，用于公共场所、建筑物、服务设施、方向指示牌、平面布置图等
	允许吸烟	表示允许吸烟的场所，用于公共场所、建筑物、服务设施等
	请勿吸烟	表示禁止吸烟的场所，用于公共场所、服务设施等

②无障碍设施符号应符合 GB/T 10001.9《标志用公共信息图形符号　第 9 部分：无障碍设施符号》的要求，见表 2-9。

表 2-9　　无障碍设施符号

图形	名称	说明
	无障碍设施	表示供残疾人、老年人、伤病人及其他特殊需要人群使用的设施，如轮椅等。用于公共场所、建筑物、服务设施、方向指示牌、平面布置图等
	无障碍电话	表示供轮椅使用者或儿童使用的电话
	无障碍电梯	表示供残疾人、老年人、伤病人等行动不便者使用的电梯

续表

图形	名称	说明
	无障碍坡道	表示供残疾人、老年人、伤病人等行动不便者使用的坡道
	无障碍通道	表示供残疾人、老年人、伤病人等行动不便者使用的水平通道
	无障碍停车位	表示专供残疾人使用的停车位
	无障碍卫生间	表示供残疾人、老年人、伤病人等行动不便者使用的卫生间

③安全标志应符合 GB 2894《安全标志及其使用导则》的要求，见表 2-10 至表 2-13。

表 2-10　　禁止标志

图形	名称	说明
	禁止吸烟	用于有火灾危险物质的场所和禁止吸烟的公共场所
	禁止烟火	用于有火灾危险物质的场所
	禁止带火种	用于禁止带火种的各种危险场所

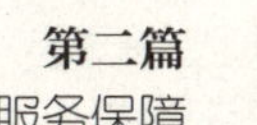

续表

图形	名称	说明
	禁止用水灭火	用于有不准用水灭火的物质的场所
	禁止放置易燃物	用于有明火设备或高温作业的场所
	禁止堆放	用于消防器材存放处、消防通道等
	禁止通行	用于有危险的作业区域，如施工区域
	禁止跨越	用于禁止跨越的危险地段，如室外河道景观处
	禁止攀登	用于不允许攀爬的危险地点，如室外景观河周边
	禁止倚靠	用于不能倚靠的地点或部位，如电梯轿厢门

表 2-11 警告标志

图形	名称	说明
	注意安全	用于易造成人员伤害的场所、设备等
	当心火灾	用于易发生火灾的危险场所
	当心感染	用于易发生感染的场所
	当心触电	用于有可能发生触电危险的电器设备和线路区域
	当心障碍物	用于地面有障碍物及绊倒易造成伤害的地点
	当心跌落	用于易于跌落的地点
	当心滑倒	用于地面有易造成滑跌伤害的地点，如地面有油、冰、水等物质及滑坡处
	当心落水	用于落水后有可能产生淹溺的场所或部位，如景观河周边

表 2-12 指令标志

图形	名称	说明
	必须洗手	用于解除有毒有害物质作业后的场所

表 2-13 提示标志

图形	名称	说明
	安全出口	设置在便于疏散的紧急出口位置

④消防安全标志应符合 GB 13495《消防安全标志》的要求，见表 2-14 至表2-18。

表 2-14 火灾报警装置标志

图形	名称	说明
	消防按钮	表示火灾报警按钮和消防设备启动按钮的位置。需指示消防按钮方位时应与方向辅助标志组合使用
	发声警报器	表示发声警报器的位置。设有火灾报警器或火灾事故广播喇叭的地方应设置
119	火警电话	表示火警电话的位置和号码。需指示火警电话方位时，应与方向辅助标志组合使用
	消防电话	表示火警报警系统中消防电话及插孔的位置

表 2-15　灭火设备标志

图形	名称	说明
	灭火设备	表示灭火设备集中存放的位置。远离消防设备存放地点的地方应将灭火设备标志与方向辅助标志联合设置
	手提式灭火器	表示手提式灭火器的位置
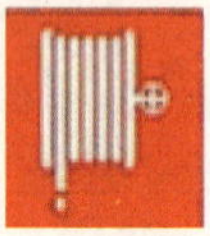	消防软管卷盘	表示消防软管卷盘、消火栓、消防水带的位置
	地下消火栓	表示地下消火栓的位置
	地上消火栓	表示地上消火栓的位置
	消防水泵接合器	表示消防水泵接合器的位置

表 2-16　禁止和警告标志

图形	名称	说明
	禁止吸烟	表示禁止吸烟
	禁止烟火	表示禁止吸烟或各种形式的明火

续表

图形	名称	说明
	禁止放易燃物	表示禁止存放易燃物
	禁止燃放鞭炮	表示禁止燃放鞭炮
	禁止用水灭火	表示禁止用水作灭火剂或用水灭火
	禁止阻塞	表示禁止堵塞的指定区域，如疏散通道等
	禁止锁闭	表示禁止锁闭的指定部位，如疏散通道、安全出口
	当心易燃物	表示禁止来自易燃物的危险

表 2-17　　紧急疏散逃生标志

图形	名称	说明
	安全出口	提示通往安全场所的疏散出口。根据到达出口方向，可选用向左或向右的标志。需提示出口方向时应与方向标志组合使用

续表

图形	名称	说明
	滑动开门	指示装有滑动门的位置及方向。滑动门上应设置“滑动开门”标志，标志中的箭头方向必须与门的开启方向一致
	推开	标志置于门上，指示门的开启方向。 紧急出口或疏散通道中的单向门上必须设置“推开”“拉开”标志
	拉开	
	击碎板面	指示必须击碎板面才能拿到钥匙或拿到开门的工具。必须击碎板面才能制造一个出口的地方也必须设置“击碎板面”标志
	逃生梯	提示逃生梯安装的位置。室外消防梯和自行保管的消防梯存放点应设置“逃生梯”标志

表 2-18　文字辅助标志（横写）

标志	名称
禁止吸烟	禁止吸烟
禁止烟火	禁止烟火

续表

标志	名称
当心火灾	当心火灾
当心触电	当心触电

（3）设施位置不明显时，应设置相应的导向系统。

①导向系统一般由位置标志、导向标志、平面示意图等导向要素构成。

位置标志由图形符号和（或）文字构成，标明服务功能或设施所在位置。

导向标志由图形符号和（或）文字构成，指示通往预期目的地的行进方向。

平面示意图显示特定区域或场所内服务功能或服务设施的位置分布信息。

②导向分级应符合表 2-19 要求。

表 2-19　养老标志导向分级表

一级导向	二级导向	三级导向	四级导向
户外、楼宇标牌	楼层、通道标牌	各功能单元标牌	门牌、窗口牌
建筑单体标志、建筑出入口标志、道路引导标志、总体平面图标志、户外形象及设施标志	楼层索引及平面示意图标志，大厅、通道标志，楼梯、电梯标志，公共服务设施标志，出入口索引标志，消防疏散指示标志	各功能用房单元标志	各房间门牌、各窗口牌

③看不到位置标志的地方，应设导向标志，见表 2-20 至表 2-22。

表 2-20　　导向标志示例（指示方向的无障碍设施标志）

标志	名称
	无障碍坡道指示标志
	无障碍卫生间指示标志
	无障碍电话指示标志

表 2-21　　导向标志示例（三种标志组合使用）

图形	名称	说明
安全出口　安全出口	安全出口	与方向辅助标志、文字辅助标志组合设在通向安全出口的通道、楼梯口等处

表 2-22　　导向标志示例（两种标志组合使用）

图形	说明
	“消防报警按钮”标志与方向辅助标志组合使用示例
	“灭火器”标志与方向辅助标志组合使用示例
	“消防软管卷盘”标志与方向辅助标志组合使用示例

续表

图形	说明
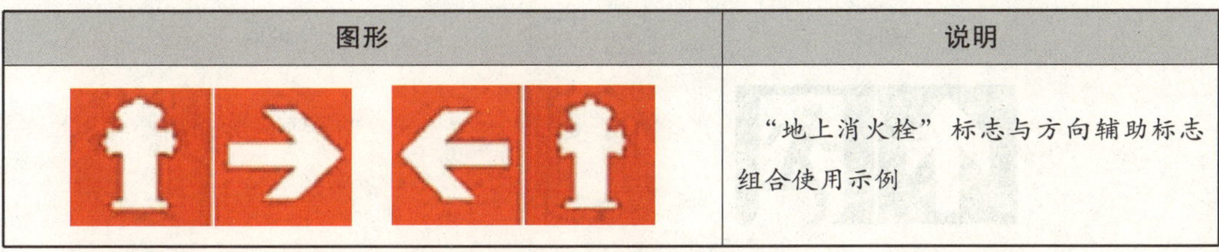	“地上消火栓”标志与方向辅助标志组合使用示例

④导向标志与位置标志之间的导向信息应连续。

A. 在导向路径上所有需要做出方向选择的分叉口等均应设置导向标志。

B. 当路线很长时，即使没有分叉口，也应在适当的区间重复设置导向标志。

C. 在设计导向要素时，标志牌应沿行人通行路径布置，构成标志导向系统。

D. 方向符号（见表 2-23）应表示人员行进的方向。

表 2-23　　方向符号

方向符号	说明	方向符号	说明
↑	表示向前行进、从此处通过并向前行进、从此处向上行进	↓	表示从此处向下行进
↖	表示向左上行进、向左前行进（仅在不可能与向左上行进混淆时使用）	↗	表示向右上行进、向右前行进（仅在不可能与向右上行进混淆时使用）
←	表示向左行进	→	表示向右行进
↙	表示向左下行进	↘	表示向右下行进

⑤各类标志可与有关标志组合使用，示例见表 2-24。

表 2-24　　　　标志组合使用示例

图形	说明
	“安全出口”标志与方向辅助标志组合使用示例，方向向前
	“安全出口”标志与方向辅助标志组合使用示例，方向向左、向右
	“安全出口”标志与方向辅助标志组合使用示例，方向向左上行进、向左下行进
	位于两个“安全出口”中间的“安全出口”标志与方向辅助标志组合使用示例

 安全出口 EXIT	图形标志、方向辅助标志与文字辅助标志组合使用示例
  安全出口 安全出口 EXIT	

⑥在整个导向系统中，表示相同含义的图形符号或文字说明应相同。

2. 标志完好

各类标志至少每半年检查一次，发现有破损、变形、褪色等时，应及时修整或更换。

3. 标志醒目

（1）方向辅助标志应设置在需要选择方向的通道处，并按通向目标的最短路线设置。

（2）疏散通道中“安全出口”标志宜设在通道两侧及拐弯处的墙面上，标志牌的上边缘距地面不应大于1 m，也可以把标志直接设置在地面上，上面加盖不燃透明牢固的保护板。

（3）环境信息标志宜设在有关场所的入口处和醒目处。

（4）局部信息标志应设在所涉及的相应危险地点或设备（部件）附近的醒目处。

（5）多个标志牌在一起设置时，应按警告、禁止、指令、提示的类型顺序，先左后右、先上后下排列。

第三篇 服务安全

一、护理安全

（一）建立突发事件的应急处置流程

监测目的

全面了解突发事件发生后的应急处置流程，规避护理中的风险。

监测方法

现场询问：（护理员、医护人员）对突发事件应急处置流程的知晓度（选择 1~2 项）。

现场查阅：应急处置流程内容。

监测要点

1. 各类应急处置流程齐全。
2. 各类应急处置流程符合要求。
3. 掌握应急处置流程。

监测要求

1. 各类应急处置流程齐全

制定噎食、食品药品误食、压疮、烫伤、坠床、跌倒、他伤和自伤、走失、文娱活动意外等事件的应急处置流程。

2. 各类应急处置流程符合要求

应急处置流程合理且可操作。

3. 掌握应急处置流程

相关岗位的工作人员能熟练掌握各项应急处置流程内容并会操作。

注：

“应急处置流程”详见附件一中的“四、安全护理的预防措施及应急处置”。

（二）安全保护用具的使用情况

监测目的

保护老年人安全，规范使用安全保护用具。

监测方法

现场查看：安全保护用具的使用规范情况。

现场询问：（护理员）使用安全保护用具过程中的观察要点。

现场查阅：安全保护用具使用知情同意书、使用安全保护用具观察记录表。

监测要点

1. 使用程序符合要求。
2. 使用规范。
3. 知晓观察要点。

监测要求

1. 使用程序符合要求

安全保护是根据老年人的病情、意识、活动能力、生理功能等，预防坠床、跌倒等意外的防护措施，旨在保护躁动老年人，限制其身体或某一部位的活动，避免老年人伤害自己或他人。只有当老年人做出危及自身或他人安全的举动时，才可使用安全保护用具。

（1）需由医生评估并开医嘱才能执行。

（非内设机构：至少在健康档案中有使用保护用具的动态记录。）

（2）向家属（担保人）解释使用安全保护用具的必要性、使用方法及可能产生的不良后果。

（3）签订“安全保护用具使用知情同意书”。

2. 使用规范

（1）安全保护用具包括保护带、保护手套、保护背心、其他保护用具等，根据老年人的实际情况选择合适的保护用具。

（2）不管老年人是否接受约束，都应向其耐心解释，说明保护目的，以取得配合。

（3）约束时采取的体位要舒适平展，肢体处于功能位，约束带的宽度要适宜，约束时约束带与皮肤之间应能容纳两横指的间隙。必要时在约束部位垫上衬垫。

（4）应 15~20 分钟巡视一次，查看老年人的精神状况和约束部位的皮肤血运状况，调整松紧度，必要时更换约束部位。

（5）保护性约束属制动措施，使用时间不宜过长，病情稳定或治疗结束应及时解除约束。需要长时间约束者应定时更换约束部位或每 2 小时活动肢体 1 次。翻身或搬动老年人时，应松解保护带。

（6）保暖措施妥当。

（7）老年人被约束后，要保证其生理需要，进食、进水、大小便等生活护理要做到位。

（8）做好护理记录，对约束过程要做详细记录并交班。

（9）约束只能作为保护老年人安全、保证治疗效果的方法，不可作为惩罚老年人的手段。

3. 知晓观察要点

（1）观察保护部位的皮肤颜色及肢端血液循环情况，检查有无因血液流通不畅而肢冷的情况。

（2）观察脉搏搏动、皮肤水肿情况等。

（3）询问老年人有无不适症状（冷、麻、刺痛等）。

（4）使用安全保护衣或背心时，需观察老年人的呼吸和面色，防止其窒息。

注：

1. 安全保护用具使用知情同意书、使用安全保护用具观察记录表见表3-1和表3-2。

表3-1 安全保护用具使用知情同意书

姓名：＿＿＿＿ 床号：＿＿＿＿ 照护等级：＿＿＿＿

<table>
<tr><td rowspan="3">安全保护目的</td><td colspan="2">防止：□自伤 □伤人 □坠床 □跌倒</td></tr>
<tr><td colspan="2">防止自行拔管：□吸氧管 □鼻饲管 □引流管 □输液管</td></tr>
<tr><td colspan="2">其他原因：＿＿＿＿</td></tr>
<tr><td>保护用具使用</td><td colspan="2">□保护带 □保护手套 □保护背心
□其他保护用具＿＿＿＿</td></tr>
<tr><td>安全保护部位</td><td colspan="2">四肢：□左手腕 □右手腕 □左脚踝 □右脚踝
膝部：□左膝部 □右膝部
腰部：□坐位 □卧位
其他部位：□＿＿＿＿</td></tr>
<tr><td>可能发生的意外</td><td colspan="2">由于个体差异，在安全保护过程中，可能会出现以下情况：
□局部红肿 □局部疼痛 □局部皮肤淤紫
□局部皮肤勒伤 □局部皮肤坏死 □其他＿＿＿＿</td></tr>
<tr><td>担保人意见</td><td colspan="2">我已知晓使用安全保护用具的必要性及使用后可能发生的后果。
本人自愿接受并同意对老年人采取安全性保护，对于可能发生的上述情况表示理解。
家属（担保人）签名： 与老年人关系：
年 月 日</td></tr>
<tr><td colspan="2">医生签名：
年 月 日</td><td>护理部门负责人签名：
年 月 日</td></tr>
<tr><td colspan="3">备注</td></tr>
</table>

表 3-2　　使用安全保护用具观察记录表

姓名：＿＿＿＿＿＿　　床号：＿＿＿＿＿　　照护等级：＿＿＿＿＿＿

日期	起始时间	放松时间	止用时间	保护用具				局部皮肤、血运情况						
				保护带	保护手套	保护背心	其他	正常	勒痕	肢冷	红肿	淤紫	破损	其他

2. 肢体功能位

当肢体处于某个位置时能够很快地做出不同动作，这个体位称为功能位。肢体各个关节都有各自的功能位，当关节功能不能完全恢复时，必须保证其有效的活动范围，即以各个关节的功能位为中心而扩大的活动范围。

（三）易造成伤害的器物处于完全管控状态

监测目的

保护老年人安全。

监测方法

现场查看：管控区域是否存有易自伤或伤及他人的器物。

现场询问：（护理员）如何管控易造成伤害的器物。

监测要点

1. 受控器物符合要求。
2. 器物管控符合要求。

监测要求

1. 受控器物符合要求

受控器物包括锐器（剪刀、水果刀、刀片、缝针等）、钝器（能伤及人的物件，如棍棒类）等。

2. 器物管控符合要求

认知障碍区域（或有认知障碍者居住的居室）是器物管控的重点区域。

（1）易对老年人造成伤害的器物必须有管控措施。

（2）受控物品使用过程中需有监管。

（四）人员出入具体措施落实情况

监测目的

保护老年人安全及院内安全。

监测方法

现场查看：人员出入规定的具体落实情况。

现场询问：（门卫室工作人员）人员出入的具体规定。

监测要点

1. 入住老年人出入有规定。
2. 外来人员来访有登记。
3. 人员出入具体措施有效落实。

监测要求

1. 入住老年人出入有规定

“出”是指日常外出，即暂时离院；“入”是指外出后归院。

（1）照护区域、门卫室工作人员知悉老年人出入的规定。

（2）老年人外出时应向所在照护区域请假。

（3）外出需出示相关证明。院方为能自主决定出入的老年人制作相关外出信息卡等，老年人外出时需持卡证明。不能自主决定外出的老年人外出时，需有家属陪同且出示请假条。

2. 外来人员来访有登记

建立外来人员来访登记本。登记内容应包含来访日期、来访者姓名、事由（探访老年人或办理其他事务)、入院时间、离院时间等。

外来人员来访时需按规定登记。

3. 人员出入具体措施有效落实

(1) 照护区域、门卫室掌握老年人的外出状况，并相互对接清晰、无漏洞。

(2) 外来人员来访登记清晰。

二、膳食安全

(一) 食品留样状况

监测目的

确保食品安全的可追溯性。

监测方法

现场查看：食品留样情况（餐次、存放、数量、标志)。

现场询问：(负责留样人员) 如何进行食品留样。

现场查阅：留样记录。

监测要点

1. 餐次符合要求。
2. 存放符合要求。
3. 数量符合要求。
4. 标志符合要求。
5. 记录符合要求。

监测要求

1. 餐次符合要求

凡是入口的早、中、晚餐食（包括点心）均应留样。

2. 存放符合要求

(1) 各留样食品分别盛放于清洗消毒后的专用密闭容器内，并做好记录。

(2) 留样食品在专用冷藏设备中冷藏存放 48 小时。

3. 数量符合要求

每个品种的留样量应满足检验检测需要，荤、素食品各不少于 125 g。

4. 标志符合要求

在盛放留样食品的容器上应标注留样食品名称、留样时间（月、日、时)、留样人员。

5. 记录符合要求

(1) 建立食品留样记录本，记录内容包括留样食品名称、留样时间（月、日、时)、留样人员。

(2) 由专人管理留样食品，记录留样情况。

（二）制订食物中毒应急预案

监测目的

当发生食物中毒时，能启动应急预案及时处置。

监测方法

现场询问：(食品安全员）应急处置流程。

现场查阅：食物中毒应急预案。

监测要点

1. 应急预案符合要求。

2. 应急处置流程符合要求。

监测要求

1. 应急预案符合要求

应急预案内容应包括应急反应的组织结构、职责分工等。

应急反应的组织结构应由院长及护理部、医务部、厨房负责人，以及食品安全管理员组成。

职责分工包括现场指挥、抢救、善后处理等。

2. 应急处置流程符合要求

（1）保留食品及其原料、工具及用具、设备设施，保持现场。

（2）在 2 小时之内向所在地食品药品监督管理部门报告。

（3）配合监督管理部门进行食品安全事故调查处理，按要求提供相关资料和样品。

（4）按照监督管理部门的要求采取控制措施。控制措施包括封存可能导致食物中毒的食品及其原料、被污染的食品生产工具及用具、可能导致食物中毒的加工场所，召回并销毁可能造成食物中毒的食品。

三、设施设备安全

• 室外健身区域及器具完好使用状况

监测目的

保持室外健身区域及器具能完好使用。

监测方法

现场查看：器具是否完好，地面防护是否符合要求。

监测要点

1. 健身器具无损。
2. 地面防护符合要求。

监测要求

1. 健身器具无损

健身器具无锈蚀、螺母无松动、拉手完好、旋转顺畅，能完好使用。

2. **地面防护符合要求**

室外健身区域的地面平整、无高差，地面有防护措施（宜铺设塑胶地面等）。

四、用电安全

（一）电器产品使用规范情况

监测目的

规范使用电器产品。

监测方法

现场查看：电器产品使用是否存在安全隐患。

监测要点

1. 未使用禁用电器产品。
2. 使用中有管控措施。
3. 使用中无安全隐患。

监测要求

1. 未使用禁用电器产品

禁用电器产品包括电炉、电热毯、电热水壶等。

2. 使用中有管控措施

（1）照护区域内的公用电热水器、微波炉、冰箱、消毒柜等电器产品使用中有管控措施。

（2）公寓式的非护理型床位配置或允许老年人带入的电器产品应定期维护保养、检测，确保安全使用。

（3）电动车集中停放、充电场所不应设置在高温、易积水和易燃易爆的地方，不应与老年人居室、活动室贴邻设置。

3. 使用中无安全隐患

（1）按电器产品使用说明书规范操作。

（2）检查电器使用状况，及时排除故障。

（二）电气防火检测情况

监测目的

保证电气线路、管路处于安全完好的状态。

监测方法

现场查阅：电气防火检测报告。

监测要点

每年有电气防火检测且有检测报告。

监测要求

每年有电气防火检测且有检测报告

电气线路往往由于短路、过载运行、接触电阻大等原因，发生电火花、电弧或引起电线、电缆过热而造成火灾。

每年应对电气线路、管路进行安全性检测一次，且有检测报告，检测者需有一定资质。

五、各类炉灶、气瓶等安全

（一）使用燃气的设备及场所设置可燃气体检测报警装置情况

监测目的

防止燃气泄漏，避免意外事故。

监测方法

现场查看：设备安装情况。

监测要点

1. 报警装置能完好使用。
2. 每月有检测记录。

监测要求

可燃气体检测报警装置用于检测可燃气体的泄漏，当可燃气体检测报警装置检测到气体浓度达到设定值时，可燃气体检测报警装置就会发出报警信号，以提醒工作人员采取安全措施，并驱动排风、切断、喷淋系统，防止发生爆炸、火灾、中毒等事故，从而保障安全。

1. 报警装置能完好使用

（1）报警装置规格符合相关要求。

（2）安装点与检测点（释放源）之间距离不大于 5 m。

（3）室外能听到报警蜂鸣声。

2. 每月有测试记录

每月至少自检一次，确保装置处于完好使用状态。

（二）燃气、燃油、电磁灶设施周围清洁状况

监测目的

消除火灾隐患。

监测方法

现场查看：是否存在安全隐患。

监测要点

1. 周围无油污。
2. 周围无可燃物和杂物堆放。

监测要求

1. 周围无油污

（1）定期清除灶具火孔污物，及时消除灶面、软管表面油污杂质。

（2）排烟罩定期（每周一次）擦洗，无油污；排油烟管道定期（每季度一次）清洁。

2. 周围无可燃物和杂物堆放

设施周边不随意堆放可燃物和杂物。

（三）燃气设施使用正确且定期维护保养情况

监测目的

正确使用，无安全隐患。

监测方法

现场查看：是否存在安全隐患。

现场查阅：维护保养记录。

监测要点

1. 无私自拆改、移位。
2. 管道无损。
3. 维护保养有记录。

监测要求

1. 无私自拆改、移位

无私自拆改、移位燃气管道和阀门的情况（如确需拆改、移位时，必须由具备资质的燃气管理部门进行）。

2. 管道无损

燃气管与燃气软管连接处无燃气泄漏现象，软管表面无裂缝。

3. **维护保养有记录**

每日检查一次。检查燃气是否有泄漏现象，软管是否有开裂或拖在地面上踩踏现象，灶前阀是否损坏，点火枪与软管连接处是否松动。

每日检查及配件更换应有记录。

注：

燃气查漏一般使用皂液。

将肥皂或洗衣粉加水调成皂液，依次涂抹在燃气管、燃气表胶管、旋塞开关处。皂液如遇燃气泄漏，就会被漏出的燃气吹出泡沫，当看到泡沫不断增多时，则表明该部位发生了漏气。

查出漏气部位后，可暂时用胶布将漏气部位包扎好，随即通知燃气公司前来修理。

（四）医用氧气瓶安全使用管理情况

监测目的

规范存放、使用医用氧气瓶。

监测方法

现场查看：是否存在安全隐患。

现场询问：（医护人员）如何规范使用医用氧气瓶。

监测要点

1. 存放符合要求。
2. 使用规范。
3. 标志符合要求。

监测要求

1. 存放符合要求

（1）氧气瓶储存室不得设在地下室或半地下室，也不能和办公室或休息室在一起。

（2）在储存期间，特别是夏季，室内温度不得超过30℃。有良好的通风、干燥条件，防止雨淋、水浸，避免阳光直射。

（3）储存室严禁明火和其他热源，与明火保持 10 m 以上的安全距离，不得有地沟暗道和底部通风口，并严禁任何管道穿过。

（4）照明设施必须防爆，电气开关设在门外。

（5）氧气瓶应直立放置，用栏杆或支架加以固定。

（6）空瓶、满瓶应分开存放，间隔至少 1.5 m，存储室不得堆放可燃物品、油脂及其他杂物。

（7）在储存场所 10 m 范围以内禁止吸烟，严禁从事明火和生成火花的工作，并设置相应的警示标志。

2. 使用规范

（1）日常管理应有专人（护士）负责。

（2）不应擅自更改氧气瓶钢印和颜色标志。

（3）不应敲击、碰撞。

（4）禁止卧放使用，并有防止倾倒的措施。

（5）不应用尽，应按规定留有余压（最少应留有 0.1~0.2 MPa 余压）。

（6）如果氧气瓶漏气，在保证安全前提下关闭瓶阀。

3. 标志符合要求

（1）在氧气瓶上应悬挂“空瓶”“满瓶”标志。

（2）存放处张贴“四防”标志。四防为防震、防热、防火、防油。

（五）50 kg 液化气瓶安全使用管理情况

监测目的

规避风险，规范使用 50 kg 液化气瓶。

监测方法

现场查看：是否存在安全隐患。

现场询问：（厨房工作人员）如何规范使用 50 kg 液化气瓶。

监测要点

1. 存放符合要求。
2. 使用规范。
3. 标志符合要求。

监测要求

1. 存放符合要求

（1）专用库房独立存放，库房不应设在半地下层或地下层。

（2）库房易通风，库房墙体上方设置 1~2 个通风口，直径≥40 cm。

（3）有防止害虫的措施。

（4）液化气瓶直立存放，空瓶、满瓶有明显标志。

（5）室内及室外周边无易燃物，不得在库房及周边从事明火作业。

2. 使用规范

（1）不得自行处理液化气瓶内残液。

（2）不得拖滚、敲击、碰撞液化气瓶。

（3）不得将液化气瓶内的液体倒入其他气瓶内使用。

（4）禁用蒸汽、热水及其他热源直接对液化气瓶加热。

（5）禁止将液化气瓶卧放使用。

（6）按要求放置消防器材。

3. 标志符合要求

库房门口应张贴禁止烟火、禁放易燃物、消防重点部位的标志。

六、特种设备安全

（一）高压灭菌锅安全使用管理情况

监测目的

安全使用，规避风险。

监测方法

现场查阅：相关证书及检测资料。

监测要点

1. 有使用登记证。
2. 操作人员有资质。
3. 定期检测。

监测要求

1. 有使用登记证

取得“压力容器使用登记证”后，方可使用。

2. 操作人员有资质

取得“特种作业人员操作证”后，方可操作。

3. 定期检测

（1）检测机构必须有资质。

（2）定期进行检测。安全阀每年校验一次，压力表每半年校验一次。

（3）必须取得合格标志。

（二）锅炉安全使用管理情况

监测目的

符合国家《特种设备安全监察条例》的规定，规范使用锅炉。

监测方法

现场查阅：相关资料（使用登记证、资质证书、检测记录）。

监测要点

1. 有使用登记证。
2. 操作人员有资质。
3. 定期检测。

监测要求

1. 有使用登记证

取得“压力容器使用登记证”后，方可使用。

2. 操作人员有资质

取得“特种作业人员操作证”后，方可操作。

3. 定期检测

（1）检测机构必须有资质。

（2）定期进行检测。

（3）必须取得合格标志。

（三）电梯安全使用管理情况

监测目的

规范使用特种设备，保证设备处于完好状态。

监测方法

现场查看：相关标志张贴情况。

现场查阅：维护保养合同、定期检测报告、日常巡视记录。

监测要点

1. 定期维护保养及年度检测工作有效落实。

2. 有日常巡检记录。

3. 标志齐全、清晰。

4. 妥善保管钥匙。

监测要求

1. 定期维护保养及年度检测工作有效落实

（1）负责落实维护保养、定期检测工作，与有资质的专业维护保养、检测单位签订维护保养合同。维护保养合同内容应包括维护保养的项目和要求，维护保养的时间频次与期限，抢修到达的时间，维护保养单位和使用单位双方的权利、义务与责任。

（2）维护保养应由电梯制造单位或者依照《中华人民共和国特种设备安全法》取得许可的安装、改造、修理单位进行。

（3）有检测报告。

2. 有日常巡检记录

日常巡检项目包括：电梯内外呼叫按钮、轿厢内门锁、灯管、楼层显示器、换气扇、呼叫等装置有无损坏；电梯运行时平稳度如何，运行时有无异响；各类标志是否完好；应急救援电话，维护保养单位名称及其急修、投诉电话等是否清晰可见。

（1）电梯安全管理员负责落实日常巡检。

（2）每天按项目巡检，确保电梯正常运行并做好记录。

3. 标志齐全、清晰

（1）安全检验合格证、安全注意事项、各类警示标志张贴在电梯轿厢内或者出入口处。

（2）应急救援电话，维护保养单位名称及其急修、投诉电话标明在电梯显著位置。

4. 妥善保管钥匙

钥匙由电梯安全管理员上锁保管，紧急情况下通知维护保养单位，由维护保养单位使用。

七、消防安全

（一）消防安全教育培训活动开展情况

监测目的

开展消防安全教育，居安思危，规避火灾风险。

监测方法

现场询问：（全体员工）“三知、四会、一联通”及“四个能力”的内容，本年度消防知识培训及掌握情况。

现场查阅：培训记录。

监测要点

1. 教育培训频次：每半年一次。
2. 掌握消防知识。

监测要求

1. 教育培训频次：每半年一次。

每年度院部开展两次消防安全教育培训。

2. 掌握消防知识

（1）熟知“三知、四会、一联通”及“四个能力”的内容。

①三知

A. 熟知消防设施和器材位置。

B. 知道疏散通道和出口。

C. 知道建筑布局和功能。

②四会

A. 会组织疏散人员。

B. 会扑救初期火灾。

C. 会穿戴防护装备。

D. 会操作消防器材。

③一联通

A. 一旦发生火警，立即拨打火警电话（119）。

B. 设置微型消防站，应与消防支队保持通信畅通。

④四个能力

A. 检查消除隐患能力。

B. 扑救初期火灾能力。

C. 组织疏散逃生能力。

D. 消防宣传教育能力。

（2）掌握本年度消防知识培训要点。

（二）消防演练情况

监测目的

预防为主，防消结合。

监测方法

现场查阅：演练预案。

监测要点

1. 频次：每半年一次。
2. 有演练预案。
3. 演练记录齐全。

监测要求

1. 频次：每半年一次

按计划完成每半年一次的消防演练。

2. 有演练预案

（1）每次消防演练均需制订演练预案。

（2）预案内容应包括本次演练的项目、各小组的分工、该项目的处置流程、善后处置等。

（3）消防演练必须包含救火和逃生演练项目。

3. 演练记录齐全

演练记录包括本次演练预案、演练过程记录及影像资料。

每次消防演练均需记录在案。

（三）消防设施设备完好使用情况

监测目的

合理配置消防设施设备，保证火灾时能应急使用。

监测方法

现场查看：灭火器、消火栓是否完好。

现场询问：（消防安全管理员）灭火器、消火栓的检查要点。

现场查阅：日常巡查记录。

监测要点

1. 灭火器、消火栓检查符合要求。
2. 有日常巡查记录。
3. 灭火器、消火栓状态完好。

监测要求

1. 灭火器、消火栓检查符合要求

（1）灭火器的检查要点。

①压力表：指针是否在绿色区域（如在红色区域，应返回重新冲装）。

②喷管：是否龟裂破损（如有破损，在使用时灭火物质会从破损处溢出，应予更换）。

③压把：是否变形（轻微变形应予调整，严重变形应予更换）。

④保险销：是否脱落（如脱落，应维修）。

⑤封条：是否完整（如有断裂说明已使用过，建议更换）。

⑥筒体：是否锈蚀（如锈蚀建议更换），是否有钢印，厂家标签是否完整、无凹凸包。

⑦铭牌：是否无残缺、标注内容是否清晰明了（如不清晰，建议更换）。铭牌上应标注灭火器名称、种类、灭火级别和灭火种类、使用温度范围、制造厂名称或代号、生产日期或维修日期等。

⑧灭火器周边：是否存在障碍物，有无遮挡或影响取用的现象。

注：

干粉灭火器的瓶体使用寿命为 10 年。

（2）消火栓（消防喉管）的检查要点。配置符合 GB 50016《建筑设计防火规范》的规定。

①消火栓标志、消火栓框架及玻璃是否破损。

②消火栓操作流程图是否缺失或图案不清楚。

③消火水带及水枪是否缺失或破损。

④消火栓阀门是否缺失或锈蚀。

⑤消火栓接口与消防水带接口是否可连接，是否有锈蚀或渗漏现象。

⑥报警按钮、指示灯有无故障（切勿按压报警按钮，可查看外壳是否损坏）。

⑦消火栓箱前（禁止堆放物品区）是否有杂物堆放或堵塞情况。

2. 有日常巡查记录

灭火器、消火栓应每月检查并做记录，有问题及时维修或更换。

3. 灭火器、消火栓状态完好

灭火器、消火栓能完好使用，有故障及时更换。

（四）门窗、安全出口、疏散通道、消防车道保持畅通情况

监测目的

确保火灾发生时，不影响逃生与救援。

监测方法

现场查看：各疏散口是否保持畅通。

监测要点

1. 门窗禁止设置救援障碍。
2. 通道口无堆积物。
3. 防火门关闭功能完好。

监测要求

1. 门窗禁止设置救援障碍

门窗部位禁止安装影响疏散、救援的障碍物。

2. 通道口无堆积物

在安全出口、疏散通道、消防车道等处严禁堆放妨碍通行的物件及杂物。

电动车集中停放、充电场所不应占用消防车道，不应影响消防设施、疏散通道的正常使用。

3. 防火门关闭功能完好

防火门是设置于防火分区间或防火隔间与疏散通道、安全出口之间，且具有一定耐火极限的防火分隔物。防火门按开闭状态可分为常开防火门和常闭防火门。

（1）防火门设置应符合消防相关规定。

（2）防火门维护管理要求

①防火门组件应齐全完好，启闭灵活，关闭严密。

②防火门应能自动闭合，双扇防火门按顺序关闭后应能从内外两侧人为开启。

③常闭防火门开启后应能自动闭合。

④电动常开防火门应在火警后自动关闭并反馈信号。

⑤设置在疏散通道上并设有出入口控制系统的防火门应能自动和手动解除出入口控制系统。

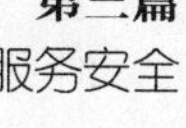

注：

GB 50016《建筑设计防火规范》规定，防火门的设置应符合下列要求。

1. 设置在建筑内经常有人通行处的防火门宜采用常开防火门。常开防火门应能在火灾时自行关闭，并应具有信号反馈的功能。

2. 除允许设置常开防火门的位置外，其他位置的防火门均应采用常闭防火门。常闭防火门应在其明显位置设置“保持防火门关闭”等提示标志。

（五）应急照明灯、应急疏散指示标志、疏散逃生图完好情况

监测目的

火灾发生时，能及时疏散人群。

监测方法

现场查看：各类设备是否处于完好状态。

监测要点

1. 应急照明灯设置符合要求。
2. 疏散指示标志设置符合要求。
3. 疏散逃生图设置符合要求。
4. 设备均完好无损。

监测要求

1. 应急照明灯设置符合要求

（1）按消防部门相关规定设置。

①建筑面积大于400 m^2的多功能厅、餐厅，建筑面积大于200 m^2的演播室。

②建筑面积大于300 m^2的地下室或半地下公共活动场所。

③疏散走道（安全出口通道），包括封闭楼梯间、防烟楼梯间及其前室，消防电梯间的前室或共用前室。

④配电室、消防控制室、自备发电机房、消防水泵房、防烟与排烟机房、电话总机房，以及发生火灾时仍需正常工作的消防设备房。

（2）安装要求

①安装于疏散通道大门出口的门框上方或走道的墙壁上，安装高度一般距离地面2 m以上。

②应急照明灯安装应牢固、无遮挡，状态指示灯正常；切断正常供电电源后，应急工作时间不小于90分钟。

2. 疏散指示标志设置符合要求

（1）安全出口和疏散门的正上方应采用“安全出口”作为指示标志。

①设置在门框上部时，标志的下边缘距门框不应大于0. 15 m。

②设置在门框侧边缘时，标志的下边缘距室内地面不应大于 2m。

（2）沿疏散通道设置灯光疏散指示标志，应设置在疏散走道及其转角处距地面高度1 m以下的墙面上，且灯光疏散指示标志间距不应大于20 m；对于袋形走道，灯光疏散指示标志间距不应大于10 m；当灯光疏散指示标志设置在地面上时，间距不应大于5 m且上方应加盖牢固的不燃透明保护板。

（3）安全疏散指示标志应牢固、无遮挡，疏散指示的方向应准确、清晰。

3. 疏散逃生图设置符合要求

（1）居室、活动室、餐厅、各楼道等部位应张贴本楼层的疏散逃生图。

（2）疏散逃生图文字标注清晰，应标注当前所在位置、疏散逃生方向路线、消火栓及灭火器的所在位置。

4. 设备均完好无损

（1）应急照明灯、应急疏散指示灯完好，能正常使用。

（2）疏散逃生图完好、无损坏。

（六）室内严禁使用明火情况

监测目的

消除火灾隐患，防止火灾事故的发生。

监测方法

现场查看：是否存在安全隐患。

监测要点

1. 室内无使用明火现象。
2. 室内无吸烟且公共区域有禁烟标志。
3. 室外有固定烟蒂丢弃处。

监测要求

1. 室内无使用明火现象

室内是指老年人居室及活动的公共区域。

不得在老年人居室、公共区域使用明火（如明火蚊香、棒香等）。

2. 室内无吸烟且公共区域有禁烟标志

(1)《上海市公共场所控制吸烟条例》规定，室内不得吸烟。

(2) 公共区域内贴有禁烟标志。

3. 室外有固定烟蒂丢弃处

室外设置收集烟灰、烟蒂的专用设备（建议放置消防器材）。

（七）防火巡查、检查情况

监测目的

有效落实日常的防火巡查、防火检查工作，防患于未然。

监测方法

现场询问：（消防安全管理员）防火巡查、检查内容。

现场查阅：防火巡查记录、防火检查记录。

监测要点

1. 日巡查内容及频次符合要求。

2. 月检查内容符合要求。

3. 记录符合要求。

监测要求

1. 日巡查内容及频次符合要求

（1）日巡查内容。有无违章用火用电情况；安全出口（含疏散楼梯、疏散通道）是否畅通；应急灯、疏散指示标志是否完好；消防设施器材是否能正常使用，配件是否齐全完好；防火门关闭功能是否完好；防火卷帘门下是否堆放物品，是否影响使用。

（2）每日巡查频次。日间巡查一次，夜间巡查两次（建议凌晨 0—4 点必须进行一次巡查）。

（3）巡查记录。每次巡查时，均应填写巡查记录，情况正常如实填写，对存在的隐患要在对应栏目内填写隐患部位、具体处理情况等。

2. 月检查内容符合要求

（1）月检查内容。同“日巡查内容”。

（2）每月检查频次。每月检查一次。月检查由院部（安全管理员、消防安全管理员）、各部门负责人参与。

（3）整改情况。及时整改月检查中发现的问题。

3. 记录符合要求

（1）按规定建立巡查记录本。

①日巡查使用“防火巡查记录”。

②月检查使用“防火检查记录”。

③记录内容应包括巡查或检查时间、巡查或检查区域、巡查或检查情况、巡查或检查人。

（2）逐项检查并认真填写，对存在的问题要准确记录。

（八）重要部位安全技术防范措施落实情况

监测目的

发现问题及时整改，防患于未然。

监测方法

现场查看：重要部位安全技术防范措施落实情况。

监测要点

重要部位安全技术防范措施有效落实。

监测要求

重要部位安全技术防范措施有效落实

养老机构重要部位应根据 DB31/T 329.21《重点单位重要部位安全技术防范系统要求　第21部分：养老机构》4.1.6 表1“养老机构安全技术防范系统配置表”的规定设置安全技术防范系统。

具体项目包括视频安防监控系统、入侵和紧急报警系统、出入口控制系统、电话通信系统、实体防护等。

附件一

一、主要岗位职责

（一）院长职责

1. 全面负责机构的运行管理。

2. 确立中长期发展规划并制订相应的年度工作计划。

3. 采取相应措施，按期布置、深入检查、及时总结各项工作落实情况。

4. 分析处理服务中的各类投诉意见，及时预防、纠正，严防差错事故发生。

5. 推广标准化建设，提升服务品质。

6. 确保主要岗位的配置及人员资质与标准相符，满足机构正常运行。

7. 加强教育培训工作，注重人才培养，组织落实考核、任免、奖惩等工作。

8. 加强财务管理制度，配合接受上级主管部门的审计检查。

9. 承担机构安全责任人的工作（法定），全面落实防范措施，确保安全管理。建立健全安全管理部门和组织（含义务消防队），审查批准安全制度，组织制订并实施安全事故应急预案，定期研究、督导安全问题，及时如实向上级部门报告安全事故发生及处理情况。

（二）入出院管理员职责

1. 负责对外咨询接待，为入住老年人及相关方（家属或其他方）提供准确有效的服务信息。

2. 组织落实老年人入院前的调访及入院评估工作。

3. 按流程为老年人办理试住、入院、出院等各项事宜。

4. 签署入住合同时，负责详尽解读甲乙丙三方的权利与义务、合同的解除、违约责任、争议解决方式等。

5. 负责老年人入院后与相关部门的对接，做好新入院老年人的安置工作。

6. 负责各类信息资料的收集工作，为每一位入住老年人建立住院档案。

7. 与相关部门保持联系，老年人照护等级及服务项目有变更时，及时与担保人沟通，按规定调整合同中的相关事项。

8. 负责来访接待，来信、来电登记，及时将收集到的信息反馈给相关部门，并协助沟通。

9. 做好各类工作台账，保证各类资料的有效与完整。

（三）护理主管职责

1. 全面负责生活护理工作。

2. 负责按院部年度工作计划制订本部门的工作计划，并分解落实。

3. 指导、督促、检查本部门各项工作计划落实情况，并定期（每月一次）组织考核。

4. 与老年人及相关方（家属或其他方）定期沟通，听取意见。

5. 负责对存在的问题分析原因，制定、落实整改措施，并跟踪检查，严防差错事故发生。

6. 采取相应措施，全面落实院内防感染工作。

7. 合理安排各时段护理人员的配置，确保入住老年人的服务需求得到满足。

8. 落实各项培训计划，定期进行技术指导，提高基础护理的操作技能，规避服务风险发生。

9. 按标准要求，定期梳理各项规章制度、操作流程，必要时进行修订。

10. 协调各部门的工作关系，确保护理工作正常有序开展。

11. 定期收集、归类、整理各类护理资料，并交相关部门归档保管。

（四）护理班长职责

1. 配合护理主管，负责本照护区域老年人的日常照护工作。

2. 按护理部工作计划，具体布置、落实各项工作。

3. 掌握本区域老年人的照护等级、照护内容、照护风险点，有序安排各班次上岗人员，满足照护需求。

4. 掌握每日每班次护理交接中的重点情况，并予以处置。

5. 关注老年人身心状况变化，及时与老年人沟通，如有异常，应及时报告护理部并协助处理。

6. 查阅生活护理交班本规范记录情况。

7. 督促检查清洁消毒工作，防止院内交叉感染。

8. 按规范要求不定期抽查，每日不少于两次，确保各项工作落实到位。

9. 搞好班组团结，做到互帮互学，共同提高。

（五）护理员职责

1. 配合护理班长做好老年人的日常照护工作。

2. 熟知老年人照护等级、照护内容、照护风险点，严格执行护理操作规程，认真落实日常照护项目。

3. 按规定巡视，及时应答呼叫，及时为老年人提供服务，满足老年人照护需求。

4. 关注老年人的身心状况，有异常情况及时报告并协助处置。

5. 按要求对老年人的日常用品、本区域的设施设备进行清洁消毒。

6. 各类清洁用具分类使用、定点放置，并按要求进行清洁消毒。

7. 按规定做好衣物的分类收集、分发工作。

8. 按规范书写生活护理交接班记录。

9. 加强学习，积极参加各类培训，提高业务技能。

（六）医务主管职责

1. 负责全院的医疗保健、康复、卫生宣教等工作。

2. 负责按院部年度工作计划制订本部门的工作计划，并分解落实。

3. 指导、督促、检查本部门各项工作计划落实情况，并定期（每月一次）组织考核。

4. 负责对存在的问题分析原因，制定、落实整改措施，并跟踪检查。

5. 参与入住老年人的评估（首次、持续）工作，对体检项目的结果进行审查，有序组织老年人年度体检工作。

6. 主持会诊、病例讨论及应急情况的处置，抽查医嘱执行情况并跟踪检查。

7. 负责慢性病管理工作，检查各项措施的落实情况。

8. 按规定落实、检查用药管理。

9. 根据老年人身体状况的变化，对照护等级的评估与照护等级的调整及时提出相应意见。

10. 做好院内感染管理工作，对相关部门的清洁消毒工作予以指导、督促和检查。

11. 指导、检查各类医疗文书的书写质量。

12. 定期组织梳理各项规章制度、操作流程，必要时予以修订。

13. 负责落实相关医护的培训计划，提高医护人员的基础理论知识和操作技能水平。

14. 协调各部门的工作关系，确保医务工作正常有序开展。

15. 定期收集、归类、整理各类护理资料，并交相关部门归档保管。

（七）医生职责

1. 按行业要求建立老年人健康档案。

2. 按时查房，对患病的老年人重点观察，按要求做好动态记录。

3. 对病情有变化的老年人，做好生命体征监测，并及时处理各种危重急症。

4. 落实各项慢性病管理措施，每年对慢性病老年人做一次阶段小结。

5. 按规定接受继续教育，不断提高业务水平。

6. 配合医务主管，完成其交办的各项工作。

（八）护士职责

1. 负责日常医疗护理工作。

2. 按规定要求做好临床护理工作。

3. 按规定做好药物（包括外配药物）的登记、保管、分发工作，防止差错事故发生。

4. 负责医疗环境和医疗器械的清洁、消毒工作，防止院内感染。

5. 做好院内感染防范指导工作。

6. 做好医疗废物的处置工作。

（九）社工职责

1. 负责运用专业的工作方法和技巧开展社工工作。

2. 洞察新入住老年人的情绪，针对性开展个案援助，让老年人早日适应新环境。

3. 观察在院老年人情绪变化，了解其内在需求并做好沟通，提供情感支持。

4. 根据入住老年人心理状况，策划有针对性的“个案、小组活动”，消除老年人不良情绪（孤独、焦虑、自卑等）。

5. 建立稳定的志愿者联动机制，以得到更多的资源支持。

6. 做好工作过程中的痕迹管理，确保台账及各类资料的有效与完整。

7. 及时反思工作过程中的不足，总结积累的经验和方法，并提出改进的措施。

8. 参加社会工作专业教育培训，更新理论与实务。

（十）厨师职责

1. 负责食堂的烹调制作工作。

2. 参与食谱制定，变换菜式品种，食材丰富，满足老年人的营养需求。

3. 督促、指导厨工的洗、切、配工作，确保食材块小、细碎、长短适宜。

4. 经常变换烹制方法，用料、配料恰当，掌握好火候，味道适口，提供的食物酥软、易吞咽。

5. 食品加工过程中严格遵守各项操作规程，保证食品安全。

6. 对烹饪技术精益求精，认真烹制每道菜肴，达到色、香、味、形俱佳。

7. 工作完毕，关闭本岗位所使用的全部水、电、气开关，做好工作区域的卫生工作。

（十一）食品安全管理员职责

1. 配合相关部门对本单位的食品安全进行督促检查，并如实提供有关情况。

2. 协助组织食堂工作人员的食品安全法律法规和食品安全知识培训。

3. 制定食品安全管理制度，并对执行情况进行督促检查。

4. 督促检查食品采购、查验、储存、留样等状况。

5. 检查食品加工过程中的食品安全状况，及时制止不符合要求的行为，并提出处理意见。

6. 督促检查食堂设施设备卫生清洁、消毒状况。

7. 督促检查厨余垃圾、废油处理等制度落实情况。

8. 如发生食物中毒和食品污染事故，及时报告相关部门，并协助调查处理。

9. 监督检查食堂工作人员个人卫生状况，向相关部门建议并督促将患有有碍食品安全疾病和病症的人员调离相关岗位。

10. 建立健全食品安全管理档案，保存各种检查记录。

11. 负责食品安全有关的其他管理工作。

（十二）设备主管职责

1. 负责全院设施设备的管理工作。

2. 负责按院部年度工作计划制订本部门的工作计划，并分解落实。

3. 督促检查本部门各项工作计划落实情况，并组织考核，确保每月一次。

4. 负责对存在的问题分析原因，制定、落实整改措施，并跟踪检查。

5. 组织落实各类设施设备的采购、安装、维护保养、定期检测等工作。

6. 编制设备使用注意事项，并张贴于设备醒目处。

7. 关注特种设备、压力容器及管道运行状况，并按相关规定进行自查。

8. 对电器产品使用规范状况进行不定期安全检查。

9. 负责操作人员的培训工作，关注持证的时效性。

10. 按要求建立设施设备的技术档案，并交相关部门妥善保管。

（十三）电梯安全管理员职责

1. 进行电梯运行的日常巡视，记录电梯日常使用状况。

2. 制订和组织落实电梯的定期检验计划。

3. 发现电梯运行存在安全隐患时，立即报告相关部门并采取相应措施。

4. 检查电梯安全注意事项和警示标志，确保齐全清晰。

5. 按规定组织落实电梯应急预案的演练。

6. 按规定妥善保管电梯钥匙及其安全提示牌。

7. 做好电梯技术档案的保管工作，并交相关部门归档。

（十四）消防安全管理员职责

1. 制订消防工作计划，组织实施日常消防安全管理工作。

2. 制定消防安全制度并检查督促落实。

3. 组织落实消防重点部位安防技防设备的安装。

4. 确定消防重点部位防火责任人，落实防火责任制，指导消防安全工作。

5. 督促防火检查和火灾隐患整改工作。

6. 掌握消防设施设备的分布、配备情况，确保分布、配备符合相关规定。

7. 负责安防技防设备、消防设施、灭火器材和消防安全标志的日常维护保养工作，确保完好有效。

8. 组织管理义务消防队。

9. 开展消防知识技能的宣传教育与培训，组织灭火应急预案的实施与演练。

10. 接受安全责任人委托的其他消防安全管理工作。

（十五）安全管理员职责

1. 负责制订年度安全工作计划。

2. 负责制定安全管理制度，并组织实施安全管理工作。

3. 指导、督促、落实隐患整改工作。

4. 定期向安全责任人报告安全工作情况及涉及安全的重大问题。

二、主要服务制度

（一）行政查房制度

1. 院长应带领各职能部门主管一起参与行政查房，每周不少于一次。

2. 行政查房的重点应涉及服务提供、服务保障、服务安全等项目。

3. 查房中发现的问题应有处置意见，相关部门应分析原因并提出解决方案。

4. 查房中发现的问题应进行跟踪复查。

5. 查房记录应包括存在的问题和整改落实情况。

（二）合同管理制度

1. 由专门部门负责合同管理工作。

2. 合同涉及种类一般包括对外提供的养老服务合同和委托第三方购买服务的合同。

3. 各业务部门负责起草职责范围内的合同，参与合同谈判及会签。

4. 合同应做到内容合法、条款齐全，文字准确、清楚、表述规范，合同期限、权利义务和违约责任明确。

5. 提供格式合同范本，应认真向对方解读合同范本各项条款。

6. 各部门拟定的各类合同范本，应由机构法人审定后方可会签。

7. 合同签订前，应收集好对方提供的各项应需资料。

8. 合同签订时，正文不应留空白，需全部填写完整。凡手工填写或签名的部分，应保证状态清晰可辨，签约不用圆珠笔。

9. 合同签订时，双方（三方）需面签，签章前，双方（三方）均核查无误后，方可盖章。原则上双方（三方）应同时签章。

10. 合同自签字或盖章之日起生效，合同相关方各执一份。

11. 合同生效后，一切与合同履行有关的部门和人员均需严格履行合同所规定的义务，确保合同得以有效执行。

12. 合同生效后，还需对每个合同进行跟踪管理，如有变更、解除、违约或发生争议，各相关部门及时按约定方式予以处置。

13. 合同签订后，合同正本原件和履约过程中留存的相关记录资料应交合同管理部门存档、备案。其他相关部门如有需要可留存合同副本。

（三）收费管理制度

1. 各项费用由财务部门负责收取或委托专人予以收取。

2. 收费人员必须熟悉财务管理制度，并严格按相关规定执行。

3. 收费项目包括养老服务费用、对外提供各项约定的服务费用及其他费用。

4. 养老服务各项费用（收费或退费）必须严格按上海市相关养老机构服务收费管理办法执行。

5. 其他约定的服务项目，其收费标准严格按双方约定的办法执行。

6. 无论采用何种收费方式，均需开具正规发票，不得使用自制凭据。

7. 发票要按顺序使用，各联要一次复写，各栏内容要真实、准确、完整，写清收费的项目及标准，并按规定签字盖章。

8. 不得虚开、代开发票，不得开具与事实不符的发票。

9. 填错的发票要加盖“作废”字样，并完整保存各联，统一装订并存档。

10. 应按税务机关的规定存放和保管发票，不得擅自损毁，已开具的发票存根联保存期限为五年。

11. 建立收费台账，做到日清日结，不得私自挪用或转借，并按规定上交款项或存入银行。

12. 对不及时交付费用者要负责提醒与催讨，并及时告知相关部门按合同约定处置。

（四）信息管理制度

1. 信息收集、管理工作应由专门部门负责并组织实施。

2. 信息包括外部信息和内部信息。外部信息主要包括上级部门指令、指导和技术（标准、规范）等信息，内部信息主要包括对外合同、合同履行中的相关资料、各类工作计划、总结、规章制度及流程、重要会议记录等。

3. 各部门应负责收集与本部门相关的各类信息，并及时归类。

4. 信息管理部门要对各部门收集的信息及时归类、加工、整理、储存。

5. 无论是入档案库的资料，还是输入计算机数据库的资料，储存前必须做到编目分类，以便查找和提取。

6. 落实信息的传递工作，机构信息应由专人负责公示、更新，确保信息的准确、完整和安全。

（五）教育培训制度

1. 教育培训工作应由专门部门负责并组织实施。

2. 培训对象应覆盖各岗位员工。

3. 员工培训准则应与行业管理部门相关要求和本院发展规划需求相符合。

4. 培训内容应涉及相关法律法规、行政规章制度、技能操作规范等。

5. 院部应结合本年度工作目标制订年度培训计划，并由各部门组织落实。

6. 各部门培训工作需按计划落实，并实行部门责任制。

7. 院部组织培训每年不少于 4 次，各部门组织业务培训每年不少于 12 次。

8. 培训参与率及培训效果作为各部门绩效考核内容。

9. 给予一定时间，鼓励员工进行继续教育，确保证书的时效性。

10. 根据实际情况鼓励员工积极参与提升业务素质的多元化培训。

11. 按要求做好培训记录，并按要求归档保管。

（六）入出院管理制度

1. 应由专人负责入出院管理事宜。

2. 为申请入院者积极做好咨询、接待工作，提供的服务信息应准确有效。

3. 入出院事宜的办理应按入出院流程实施。

4. 签署养老服务合同时，需详尽解读甲乙丙三方的权利与义务，合同的解除、违约责任、争议解决方式等。

5. 完整填写合同范本，确保合同有效。

6. 与相关部门保持联系，老年人照护等级及服务项目有变更时，及时与家属（或第三方）沟通，变更事宜调整应与合同约定的相关条款一致。

7. 客观、真实地与家属沟通老年人的在院情况。

8. 入院档案应在老年人入院后 48 小时内完成；合同终止时，应及时建立出院档案，并在出院后一周内完成。

9. 档案应资料齐全，归档有序。

10. 妥善保管住院档案，不得随意查阅、借调档案。

11. 遵守保密制度，不泄露入住老年人的相关信息。

（七）照护等级评估制度

1. 建立由医务、护理、社工组成的照护等级评估小组。

2. 评估人员应经过专业培训。

3. 照护等级评估应符合上海市老年照护等级评估等相关标准。

4. 对每一个项目参数都需进行正确判断，不能漏项，对每一个项目参数评判程度有具体描述，有针对评估结论的总描述。

5. 照护等级评估结果应与老年人实际情况相符。

6. 当老年人身体状况发生变化，现行的服务项目不能满足需求时，应进行持续评估，调整照护等级。持续评估每年不少于一次。

7. 当老年人或相关第三方（家属）对评估结果有异议时，可自行向有资质的第三方机构申请复评。

8. 老年人的照护等级评估资料归入住院档案管理。

（八）感染管理制度

1. 由感染管理小组负责院内感染管理工作，小组成员应由医务部门、护理部门、设备管理部门、后勤管理部门的主要负责人组成，组长由院长或分管医护工作的副院长担任。

2. 感染管理小组和小组成员职责分工明确，分层组织和实施院内感染管理工作。

3. 按现行相关法律法规及技术规范、标准制订院内感染管理工作计划、相关制度。

4. 院部对感染管理工作的考核和评价，每月至少一次，对存在的问题进行分析讨论并采取有效改进措施。

5. 相关部门定期对清洁消毒、无菌操作技术、医疗废物管理等工作进行技术指导。

6. 感染管理小组成员不定期深入相关部门对空气、物体表面或织物消毒，对人员手卫生状况进行监测、分析，针对问题提出控制措施并指导实施。

7. 院部协调和解决有关感染管理方面的问题，每月至少一次。

8. 发现疑似传染应及时采取隔离控制措施，并按规定上报。

9. 密切关注感染管理工作相关规范和实施细则的调整，及时对相关人员进行培训。

10. 基本设施改造应听取感染管理小组成员意见，并根据预防感染和卫生学要求对施工方案进行修改完善。

（九）清洁消毒管理制度

1. 遵循先清洁、再消毒原则，采取湿式卫生清洁方式，清洁频率每日一次，并应由上而下、由里到外、由洁到污有序进行。

2. 空气及室内外环境、物体表面、织物、各类餐用具、医疗器械、治疗操作台等的消毒频率、方法严格按 WS/T 367《医疗机构消毒技术规范》相关规定执行。

3. 疑似传染性用品、衣物等应单独收集、消毒、清洗。

4. 根据环境表面和污染程度选择适宜的清洁剂。

5. 有污染的环境表面、物品应先清除污物再消毒，消毒剂选择要有针对性。

6. 被体液、血液、排泄物、分泌物污染的环境表面，应先清除污物，再进行清洁消毒，污物应按规定处置。

7. 发生感染时，应强化清洁消毒，并落实接触传播、飞沫传播和空气传播的隔离措施。

8. 消毒剂应定点放置、上锁保管、专人负责，按照使用说明书使用。

9. 清洁工具应分区、分类使用，标志清晰，按规定清洗、消毒后放置于通风处晾干备用。

10. 实施清洁与消毒时应做好个人防护，工作结束时做好个人卫生。

11. 医务人员应指导相关人员进行清洁消毒。

（十）医疗废物处置制度

1. 医疗废物的包装物或容器使用前应进行认真检查，确保无破损、渗漏和其他缺陷。

2. 根据医疗废物的类别，将医疗废物分置于符合相关规定的包装物或者容器内，且置入后不得随意取出。

3. 疑似传染病病人产生的医疗废物、排泄物应按相关规定处置。

4. 医疗废物的临时存放至转运过程中的处置符合相关规定。

5. 医疗废物不得随意倾倒、混入生活垃圾、露天存放，应按相关规定储存并禁止买卖。

6. 医疗废物暂时储存的设施设备应符合相关规定。

7. 医疗废物运送工具和暂存点应按规范及时清洗消毒。

8. 运送医疗废物应进行登记，登记内容应包括医疗废物的来源、种类、重量或数量、交接时间、最终去向、经办人签名等。

9. 工作人员应在做好安全防护后进行工作。

（十一）餐饮卫生管理制度

（食品的采购和储存）

1. 食品（食品原料、食品添加剂、食品相关产品）采购必须符合相关标准的规定，并严格落实索证索票、进货查验和采购记录制度。

2. 运输食品的工具应保持清洁，运输冷冻食品应有必要的保温设备。

3. 储存食品的场所及设备应保持清洁、通风良好，禁止存放有毒、有害物品及个人生活用品。

4. 食品应分类、分架、隔墙、离地存放，并定期检查、处理变质或超过保质期限的食品，并遵循“先进先出”的原则。

（食品加工）

5. 加工场所应有足够的照明、通风、排烟装置和有效的防蝇、防尘、防鼠设施，以及污水排放和符合卫生要求的废物存放设施，并保持内外环境整洁。

6. 冷藏、冷冻及其保温设施设备应定期清洗、除臭，确保正常运转和使用。

7. 各种食品原料在使用前必须分类清洗，并符合食品卫生管理要求。

8. 加工人员认真检查待加工食品及其食品原料，不符合要求不得加工或使用。

9. 处理食品原料后或直接入口食品前都应用流动水洗手。

10. 需要熟制加工的食品应烧熟煮透，加工后熟制品与食品原料（或半成品）分开存放。

11. 需冷藏的熟制品应放凉后再冷藏，凡隔餐或隔夜的熟制品必须经充分加热后方可食用。

12. 入口食品必须按《中华人民共和国食品安全法》进行留样。

（餐用具卫生）

13. 清洗餐用具（餐具、饮具、盛放直接入口食品的容器）必须在专用水池使用专用布巾清洗，不得与清洗蔬菜、肉类等的其他水池混用，洗涤、消毒用的洗涤剂、消毒剂必须符合卫生标准和要求。

14. 消毒后的餐用具必须储存在餐用具专用的保洁柜内备用，已消毒和未消毒的餐用具应分开存放，并有明显标志，餐用具保洁柜应定期清洗，保持洁净。

15. 用于原料、半成品、成品的刀、砧板、桶、盆、筐、抹布及其他工具容器必须标记明显，并分开使用，定位存放，用后洗净，保持清洁。

（其他）

16. 餐厨废物处置应符合《上海市餐厨垃圾处理管理办法》的相关规定。

17. 发生食物中毒和疑似食物中毒事故时，应积极配合卫生行政部门开展食物中毒事故调查。

18. 从业人员应穿工作服，衣帽整洁，头发置于帽内，并保持手部卫生。

19. 做好从业人员健康检查和培训工作。

（十二）设施设备安全管理制度

1. 各类设施设备的购入应按相关规定实施，确保供货单位资质、产品符合标准要求，不得使用“三无”产品。

2. 各类设施设备储存、操作的环境应符合相关规定。

3. 各类设施设备安装人员需符合国家相关资质要求。

4. 特种设备操作人员应符合国家相关标准要求持证上岗，且证件的时效性符合要求。

5. 设施设备使用前，操作人员需经专业技术培训，并严格按使用说明书操作。

6. 应建立设施设备的技术档案，档案资料应包括设施设备的相关信息及合格证明、定期检测记录、定期校验记录、日常维护记录等。

7. 制定特种设备的安全管理制度，及时清除事故隐患。

8. 做好设施设备的日常维护保养工作，确保正常使用。

9. 各类电器、燃气、消防等设施设备严格按相关规定定期监测，监测人员符合一定的资质要求。

10. 技术状况不稳定、达到使用年限、不安全的设施设备应报废，其残值按相关规定处置。

（十三）突发事件应急处置管理制度

1. 建立突发事件应急处置管理工作小组，并按相应职责具体组织实施。

2. 应制订突发事件应急预案。

3. 应急预案内容主要包括组织领导小组成员、各成员职责、应急处置流程等。

4. 应急处置流程实施步骤应具体且精准，具有针对性和可操作性。

5. 每年对应急处置流程予以修订和完善。

6. 一旦有突发事件发生，现场第一发现者应及时处置，并通知相关负责人，立即启动应急预案，参与处置人员应服从安排。

7. 配备应急预案处置所需设备及材料，定点放置，定时清点，班班交接，确保急用时可随时投入使用。

8. 突发事件处置后应及时分析总结，吸取教训。

9. 各项应急处置培训内容应包括理论知识讲解和处置技能演练。

（十四）服务质量考核制度

1. 建立院服务质量分级考核体系。

2. 制定各岗位服务质量考核细则，形成全院服务质量考核标准。

3. 每月至少开展定期考核、不定期考核各一次。

4. 将考核发现的问题及时反馈给当事部门或当事人，并进行原因分析，制定整改措施。

5. 每半年应对院服务质量考核情况进行分析，并在一定范围通报，开展服务质量讲评。

6. 院服务质量考核工作应指定部门（专人）负责。

7. 做好相关记录。

（十五）服务投诉处置制度

1. 服务投诉处置一般由入出院部门专人负责。

2. 保持投诉渠道畅通，设立意见本、意见箱、院长接待日，公示上级主管部门地址、邮编、电话号码以及院地址、邮编、电话号码，定期查看、收集、汇总相关投诉信息。

3. 投诉渠道应设立在院醒目位置（如业务接待处等公共区域），让老年人及家属一目了然。

4. 处理现场投诉时，原则上应立即与投诉人沟通，当场处理并给予答复，如因客观因素无法立即给予回复或解决的，要及时向投诉人说明情况，和投诉人保持有效沟通。

5. 处理来信投诉时，在接到来信或上级部门转发信件之日起，在规定时间内完成回复。

6. 投诉处置结果应及时向投诉人反馈，必要时请投诉人签字确认。

（十六）服务满意度测评制度

1. 服务满意度测评一般以让老年人或其家属填写“服务满意度征询表”的形式进行。

2. 服务满意度测评每年不少于两次，发放“服务满意度征询表”比例不少于入住老年人总数的10%。

3. “服务满意度征询表”应覆盖全部服务内容。

4. 每次测评应对“服务满意度征询表”进行统计汇总，得出综合满意率，并对不满意或较满意的项目分析原因。

5. 对满意度测评中反映的问题，制定针对性的改进措施，有效落实整改并有反馈。

6. 召开民管会、座谈会、个别访谈等，向老年人或其家属反馈服务满意度测评和整改情况，并听取意见，做好记录。

三、日常照护项目主要操作流程

（一）晨间护理

晨间护理项目包括排泄护理、口腔清洁、洗脸、洗手、梳头、整理床铺、更换床上用品（必要时）、床上更衣。

护理顺序：排泄护理→口腔清洁→洗脸→洗手→梳头→整理床铺→更换床上用品、床上更衣。

护理要求：根据操作流程按需提供。

素质要求：着装整洁，无长指甲、手部不戴饰品，洗手，戴口罩。

1. 排泄护理

（1）扶助如厕

用物准备

卫生纸、盆、毛巾、温水（38~45℃），移动工具（按需提供手杖、步行器、轮椅），污物桶。

环境准备

室温（24~26℃）。

老年人准备

告知老年人操作目的及配合要点。

操作流程

①协助老年人进入卫生间（搀扶或使用手杖、步行器、轮椅）。

②护理员面对老年人→上身抵住老年人→护理员一手扶老年人腋下（或腰部），另一手协助其脱下裤子→护理员双手环抱老年人腋下→协助老年人缓慢坐于坐便器上→嘱咐老年人双手扶住坐便器旁扶手。

③观察有无失禁→如有，脱下污衣裤（纸尿裤）→向内卷置入污物桶→盆置温水→毛巾置于温水中→擦拭会阴部、臀部、腿部（不同部位擦拭，毛巾要搓洗且按需换水）→询问是否还有便意。

A. 无便意：助老年人回居室→换洁净衣裤（或纸尿裤）→协助老年人坐或躺卧舒适。

B. 有便意：便后→用卫生纸擦净会阴部或肛周（女性排尿需擦拭会阴部，排便应从前往后擦拭）→协助老年人起身→观察排泄物，冲水→协助老年人回居室→换洁净衣裤（纸尿裤）→协助老年人坐或躺卧舒适。

④整理物品，分类处置。

⑤护理员洗手。

注意事项

①如厕时间不可过长，起身速度要慢，以免跌倒。

②保持皮肤清洁干燥，无污渍。

③注意保暖，保护隐私。

④观察二便性状、颜色、量，有异常及时报告医生。

（2）床上使用便器

用物准备

毛巾、盆、卫生纸、尿垫、便盆、温水（38~45℃）、毛巾被（按需）。

环境准备

室温（24~26℃），拉幔帘或屏风遮挡。

老年人准备

告知老年人操作目的及配合要点。

操作流程

①放下床护栏，松开床尾盖被。

②协助老年人取仰卧位。

③一手托起老年人腰骶部，另一手将尿垫铺于老年人腰骶部。

④脱裤至膝部，协助老年人两腿屈膝（如两腿不能屈膝，用软枕垫于老年人膝下）。

⑤放取便盆与擦拭肛周。

A. 老年人能自主抬起臀部

a. 放置便盆。一手托起老年人臀部（抬高 20~30 cm），另一手将便盆放于其臀部下。

（女性在阴部盖上卫生纸；男性小便使用尿壶，膝盖并拢，盖上毛巾被。）

b. 取出便盆。嘱咐老年人双腿用力使臀部抬起，一手抬起老年人腰骶部，另一手取出便盆。

c. 擦拭肛周。用卫生纸清洁肛周（女性排尿需擦拭会阴部，排便应从前往后擦拭）→用温水擦拭会阴部及臀部→擦干皮肤。

B. 老年人不能自主抬起臀部

a. 放置便盆。协助老年人取侧卧位→腰部放软枕→放便盆（便盆扣于臀部）→一手扶住便盆，另一手协助老年人取平卧位→调整便盆位置。

（女性在阴部盖上卫生纸；男性小便使用尿壶，膝盖并拢，盖上毛巾被。）

b. 取出便盆。一手扶住便盆，另一手协助老年人侧卧，取出便盆。

c. 擦拭肛周。用卫生纸清洁肛周（女性排尿需擦拭会阴部，排便应从前往后擦拭）→用温水擦拭会阴部及臀部→擦干皮肤。

⑥撤尿垫。

⑦协助老年人躺卧舒适，整理床单位，拉上床护栏。

⑧整理物品，分类处置。

⑨护理员洗手。

注意事项

①便器表面不得有破损、裂痕。

②便器置入时宽边向上，动作要轻柔，避免硬塞、硬拽。

③便后及时做好肛周清洁。

④观察排泄物性状及骶尾部的皮肤状况。

⑤排泄物即时倾倒并做好便器清洁。

⑥盆、巾专用，即时清洗。

⑦注意保暖，保护隐私。

（3）失禁护理

用物准备

毛巾、盆、温水（38~45°）、卫生纸、尿垫、纸尿裤、污物桶。

环境准备

室温（24~26℃），拉幔帘或屏风遮挡。

老年人准备

告知老年人操作目的及配合要点。

操作流程

①安抚老年人（消除老年人紧张、羞涩、焦虑、自卑等情绪）。

②松开床尾盖被，协助老年人平卧、膝盖弯曲、双腿分开，解开其纸尿裤粘扣，轻按腹部确认是否有残尿、残便。

③更换尿垫

A. 协助老年人取左侧卧位。

B. 用温水擦拭老年人右侧会阴部、臀部→观察老年人皮肤情况→将污染尿垫向内折叠，塞于老年人身下→将干净的尿垫一侧卷起塞于老年人身下，另一侧向护理员一侧拉开。

C. 协助老年人翻身至右侧卧位。

D. 取污染尿垫向内卷撤下，置入污物桶。

E. 用温水擦拭老年人左侧会阴部、臀部→观察老年人皮肤情况→将干净尿垫另一侧拉平→协助老年人翻身至平卧位→拉平干净尿垫。

④更换纸尿裤

A. 协助老年人取平卧位。

B. 解开纸尿裤粘扣，将前片从两腿间向后撤。

C. 协助老年人取侧卧位，将污染纸尿裤内面对折于臀下。

D. 用卫生纸擦净肛周皮肤，再用温水擦拭会阴部及臀部。

E. 将干净纸尿裤对折→协助老年人翻身至另一侧→将污染的纸尿裤内卷撤下，置入污物桶→打开老年人身下干净的纸尿裤且铺平→协助老年人翻身取平卧位→将纸尿裤粘扣粘牢。

⑤按需更换床上用品或衣裤

“更换床上用品”的操作参照“有人床更换床上用品”操作流程。

“更换衣裤”的操作参照“床上更衣”操作流程。

⑥整理床单位，盖好盖被。

⑦整理物品，分类处置。

⑧护理员洗手。

注意事项

①擦拭动作轻柔。

②女性排尿需擦拭会阴部，排便应从前往后擦拭。

③观察排泄物性状及骶尾部位的皮肤。

④保持床铺清洁、干燥。

⑤盆、巾专用，即时清洗。

⑥注意保暖，保护隐私。

2. 口腔清洁（擦拭清洁口腔）

用物准备

毛巾、温水（38℃左右）或漱口液、口杯、吸管、治疗碗（内置棉棒16根）、弯盘。

环境准备

室温（24~26℃）。

老年人准备

告知老年人操作目的及配合要点。

操作流程

（1）倒温水（或漱口液）于治疗碗内，制备棉棒。

（2）协助卧床老年人头偏向一侧或取侧卧位，面向护理员。

（3）在老年人颌下铺毛巾，弯盘置于其口角旁。

（4）如有义齿应取下。

（5）用浸湿于水（或漱口液）中的棉棒湿润口唇。

（6）用棉棒由内而外沿齿缝纵向擦拭，颊部弧形擦拭，每个面使用一根棉棒。擦洗顺序：左外侧→右外侧→左上内侧→左上咬合面→左下内侧→左下咬合面→左侧颊部→右上内侧→右上咬合面→右下内侧→右下咬合面→右侧颊部→上腭面→舌面→舌下→口唇。

(7) 嘱咐老年人张口→检查是否擦拭干净→协助漱口→擦干嘴角。

(8) 清点棉棒。

(9) 撤毛巾，擦干老年人面颊部。

(10) 协助老年人躺卧舒适。

(11) 整理用物，分类处置。

(12) 护理员洗手。

注意事项

(1) 棉棒的湿润程度适宜，防止老年人将多余液体吸入呼吸道。

(2) 一根棉棒只能使用一次，不可反复蘸取水（或漱口液）使用。

(3) 棉棒上的棉絮不能遗留在老年人口腔内。

(4) 动作轻柔，以免损伤老年人口腔黏膜和牙龈。

(5) 擦拭上腭面和舌面时横向前 1/3，不可靠近咽部，以免引起老年人恶心。

(6) 注意观察老年人口腔黏膜有无破损、溃疡。

(7) 操作前后应清点棉棒数量。

(8) 义齿用流动水清洗，严禁置于乙醇、热水中浸泡。

(9) 不可选用湿纸巾进行口腔护理。

3. 洗脸

用物准备

毛巾、盆、温水（38~45℃）、润肤霜。

环境准备

室温（24~26℃）。

老年人准备

告知老年人操作目的及配合要点。

操作流程

（1）协助老年人取仰卧位或坐位。

（2）毛巾置于温水中。

（3）护理员拧干毛巾，将毛巾包裹于手上，为老年人洗脸。擦洗顺序：眼部由内眼角→外眼角，面部由额部→鼻翼→颊部→耳后→下颌→颈部。

（4）涂润肤霜。

（5）协助老年人躺卧舒适。

（6）整理用物，分类处置。

（7）护理员洗手。

注意事项

（1）确保老年人眼、鼻部无分泌物，耳道、耳廓等皱褶较多部位应重点擦拭。

（2）盆、巾专用，即时清洗。

4. 洗手

用物准备

毛巾、盆、温水（38~45℃）、护手霜、洗手液。

环境准备

室温（24~26℃）。

老年人准备

告知老年人操作目的及配合要点。

操作流程

（1）毛巾置于温水中。

（2）协助老年人将手浸于盆中，用湿润的毛巾进行擦洗。洗手顺序：手背→手心→指缝→擦干。先洗一只手，同法洗另一只手。

（3）用毛巾擦干双手，涂护手霜。

注意事项

（1）动作轻柔。

（2）注意指甲、指缝的清洗，必要时用洗手液。

5. 梳头

用物准备

梳子（老年人自备）一把。

环境准备

室温（24~26℃）。

老年人准备

告知老年人操作目的及配合要点。

操作过程

协助老年人取舒适位，为老年人梳头。

梳头顺序：短发者为发根→发梢；长发者为头发分区→发梢→发根。（如头发有打结，可将头发上端绕在食指上，从下端一段一段往上梳。）

注意事项

动作缓慢，轻轻梳理。

6. 整理床铺

（1）无人床整理床铺

用物准备

床刷（需加套）。

环境准备

室温（24~26℃）。

老年人准备

告知老年人操作目的及配合要点。

操作过程

①协助老年人离开床位：协助老年人穿衣、起床，并稳坐于椅子上，确保安全。

②整理床单

A. 松开床尾及近侧床单，用床刷扫净防水单及床单上的碎屑。

B. 拉平床单，由床头至床尾包好两个角，防水单随同床单中部一同塞于床垫下。

C. 护理员转至对侧，同法逐层清扫整理，铺好床单。

③整理被套

A. 捏住盖被头端，将被芯与被套对齐、拉平，中线正，盖被里外平整。

B. 盖被两侧向内折成被筒，与床沿齐；盖被尾端向内折，与床尾齐。

④整理枕套：拍松枕芯，四角充实，放回。

⑤酌情开窗。

⑥整理物品，分类处置。

⑦护理员洗手。

注意事项

①协助老年人离开床位时注意保暖，转至椅子时注意安全。

②保持被褥、床单、防水单清洁，如有污染或浸湿及时更换。

③床刷应套一个布套，且一床一布套，布套不可过湿，用后清洁消毒。

（2）有人床整理床铺

用物准备

床刷（需加套）。

环境准备

室温（24~26℃），拉幔帘或屏风遮挡。

老年人准备

告知老年人操作目的及配合要点。

操作过程

①整理床单

A. 护理员站在床铺一侧，协助老年人抬头，将枕移向床远侧，并协助其翻身侧卧于床的远侧，卧位舒适安全。

B. 松开近侧床单，用床刷扫净防水单及床单上的碎屑。

C. 拉平床单，由床头至床尾包好两个角，防水单随同床单中部一同塞于床垫下。

D. 协助老年人平卧，移枕于近侧并向近侧翻身，卧位舒适安全。

E. 拉起床护栏，护理员转至对侧，同法逐层清扫整理。

F. 移枕于床头中间位置，协助老年人平卧。

②整理被套

A. 捏住盖被头端将被芯与被套对齐、拉平，中线正，盖被里外平整。

B. 盖被两侧向内折成被筒，与床沿齐；盖被尾端向内折，与床尾齐。拉起床栏，回至对侧。

③整理枕套：放下床栏，取出老年人头下枕头，拍松枕芯，四角充实，放回。

④拉起床栏。

⑤酌情开窗。

⑥整理物品，分类处置。

⑦护理员洗手。

注意事项

①协助老年人翻身时注意保暖，防止受凉。

②保持被褥、床单、防水单清洁，如有污染或浸湿，及时更换。

③床刷应套一个布套，且一床一布套，布套不可过湿，用后清洁消毒。

7. 更换床上用品

（1）无人床更换床上用品

用物准备

清洁枕套、被套、床单、防水单（一次性床垫），床刷（需加套），污衣袋。

环境准备

室温（24~26℃）。

老年人准备

告知老年人操作目的及配合要点。

操作流程

①用物按使用顺序放于椅上。

②更换床单

A. 将污床单、防水单从床头向床尾方向翻卷撤出，置于污衣袋。

B. 取床单铺开，将床单中线对准床中线展开。

C. 拉平近侧床单，由床头至床尾包好两个角，取防水单铺于床中央并随同床单中部一同塞于床垫下。

D. 护理员转至对侧，同法铺好床单与防水单。

③更换被套

A. 取被套置于床上，床尾被套上层开口端向上拉，露出被套里层（约1/2或2/3），将被褥置于被套顶端，使被褥端与被套头端对齐并向两角展开，沿被套两侧铺平被褥，盖被里外平整。

B. 将污被套从床头向床尾方向翻卷撤出，置于污衣袋。

C. 盖被两侧向内折成被筒，与床沿齐；盖被尾端向内折，与床尾齐。

④更换枕套

A. 将污枕套从枕芯翻卷撤出，置于污衣袋。

B. 打开清洁枕套，将枕芯套入。

C. 四角充实，拍松枕芯，置于床头。

⑤酌情开门窗。

⑥整理物品，分类处置。

⑦护理员洗手。

注意事项

①床单平整，四角包紧。

②被套内外平整，被套头端及四角充实。

③保持被褥、床单、防水单清洁。

④床刷应套一个布套，且一床一布套，布套不可过湿，用后清洁消毒。

⑤更换时动作不可过大，防止尘屑飞扬而影响其他老年人。

（2）有人床更换床上用品

用物准备

清洁枕套、被套、清洁床单、防水单（一次性床垫），床刷（需加套），污衣袋。

环境准备

关闭门窗，室温（24~26℃），拉幔帘或屏风遮挡。

老年人准备

告知老年人操作目的及配合要点。

操作流程

①用物按使用顺序放于椅上。

②更换床单

A. 护理员站在床铺一侧，松开床尾盖被，移枕于远侧，协助老年人翻身侧卧于床的远侧。

B. 松开近侧床单，将床单随同防水单（一次性床垫）一起卷入老年人身下，从床头向床尾扫净床垫。

C. 将清洁床单中线与床的中线对齐，远侧塞入老年人身下，近侧拉紧铺好。

D. 将防水单一半铺于床单上，随同床单一起塞于床垫下，另一半塞入老年人身下。

E. 移枕于近侧，协助老年人侧卧于近侧，拉起床护栏，护理员转至对侧，放下该侧床护栏。

F. 将污床单及防水单（一次性床垫）一同卷好（正面向内）撤下，置于污衣袋。

G. 拉平老年人身下的清洁床单和防水单（一次性床垫），拉紧并铺好床头、床尾两角，防水单（一次性床垫）随同床单一同塞入床垫下。

H. 协助老年人平卧于床中间，移回枕头。

③更换被套

A. 清洁被套铺在盖被上，并将开口处打开。

B. 手由床尾部向上伸入污被套内，捏住被芯的顶端取出并塞入清洁被套内。

C. 拉平整理好被套。

D. 将污被套撤去，置于污衣袋。

④更换枕套

A. 取出枕头，将污枕套从枕芯翻卷撤出，置于污衣袋。

B. 打开清洁枕套，将枕芯套入。

C. 四角充实，拍松枕芯，置于老年人头下。

⑤协助老年人取舒适卧位。

⑥酌情开门窗。

⑦整理用物，分类处置。

⑧护理员洗手。

注意事项

①操作过程中随时拉起床护栏，防止老年人坠床。

②卷污床单、防水单、被套、枕套时，用反面包住正面，置于污衣袋，不可直接扔于地面。

③协助老年人翻身时动作轻柔，注意保暖，防止受凉。

④床刷应套一个布套，且一床一布套，布套不可过湿，用后清洁消毒。

⑤经常与老年人沟通，发现老年人有异常时应及时停止操作，并联系医生。

8. 床上更衣

用物准备

清洁衣裤。

环境准备

关闭门窗，室温（24~26℃），拉幔帘或屏风遮挡。

老年人准备

告知老年人操作目的及配合要点。

操作流程

（1）更换开襟上衣

（遇老年人一侧肢体不灵活时，应让其取健侧卧位，患侧在上。）

①松开床尾盖被，解开老年人上衣纽扣，一手托住老年人头颈部，另一手扶住其髋部，协助其翻身侧卧，脱去一侧衣袖。

②取清洁开襟上衣，穿好一侧（患侧）衣袖。其余部分（清洁及被更换的上衣）平整地掖于老年人身下。

③协助老年人取平卧位。

④从老年人身下拉出清洁及被更换的上衣。

⑤脱下被更换的上衣。

⑥穿好清洁上衣另一侧衣袖（健侧），整理、拉平衣服，扣好纽扣。

（2）更换套头上衣

①脱衣

（遇老年人一侧肢体不灵活时，应先脱健侧，后脱患侧。）

A. 如老年人身体状况允许，可协助老年人取坐位脱衣。

B. 将套头上衣的下端向上拉至胸部，从背后向前脱下衣身部分。

C. 一手扶住老年人肩部，另一手拉住近侧袖口，脱下一侧衣袖。

D. 同法脱下另一侧衣袖。

②穿衣

（遇老年人一侧肢体不灵活时，应先穿患侧，后穿健侧。）

A. 辨别上衣的前后面。护理员一手从衣袖口处伸入至衣身开口处，握住老年人的手腕，将衣袖套入老年人手臂，同法穿好另一侧。

B. 握住衣身背部的下开口至领口部分，套入老年人头部。

（3）更换裤子

（遇老年人一侧肢体不灵活时，应先脱健侧，后脱患侧。）

①脱裤

A. 协助老年人取坐位或平卧位。

B. 松开裤带、裤扣。

C. 协助老年人身体右倾，将裤子左侧部分向下拉至臀下。

D. 协助老年人身体左倾，将裤子右侧部分向下拉至臀下。

E. 护理员两手分别拉住老年人两侧裤腰部分向下褪至膝部，抬起一侧下肢，褪去一侧裤腿，同法褪去另一侧裤腿。

②穿裤

A. 取清洁裤子，辨别正反面、前后面。

B. 护理员左手从裤管口套入至裤腰开口，轻握老年人脚踝，右手将裤管向老年人大腿方向提拉。同法穿上另一条裤管。

C. 护理员两手分别拉住两侧裤腰，向上提拉至老年人臀部。

D. 协助老年人身体左倾，将右侧裤腿部分向上拉至腰部，再协助老年人身体右倾，将裤子左侧部分向上提拉至腰部。

E. 系好裤带、裤扣。

床上更衣结束后，护理员整理床铺，协助老年人躺卧舒适；酌情开门窗；洗手。

注意事项

（1）协助翻身时要注意安全。

（2）动作轻巧，忌粗暴，避免拉伤、关节脱位、骨折等。

（3）注意保暖，保护隐私。

（二）晚间护理

晚间护理项目包括排泄护理、口腔清洁、洗脸、洗手、会阴清洁、洗足、整理床铺、协助脱衣。

护理顺序：排泄护理→口腔清洁→洗脸→洗手→会阴清洁→洗足→整理床铺→协助脱衣。

护理要求：根据操作流程按需提供。

素质要求：着装整洁，无长指甲、手部不戴饰品，洗手，戴口罩。

1. 排泄护理

根据老年人实际情况按需提供。

具体参照“排泄护理”操作流程按需进行。

2. 口腔清洁

根据老年人实际情况按需提供。

具体参照“口腔清洁”操作流程按需进行。

3. 洗脸

具体参照“洗脸”操作流程进行。

4. 洗手

具体参照“洗手”操作流程进行。

5. 会阴清洁

用物准备

毛巾、盆、温水（38~45℃）、尿垫。

环境准备

关闭门窗、室温（24~26℃），拉幔帘或屏风遮挡。

老年人准备

告知老年人操作目的及配合要点。

操作流程

（1）移椅于同侧床尾旁，盆置于椅子上。

（2）将毛巾置于温水中。

（3）在老年人臀下垫一次性尿垫，脱下其远侧裤腿盖在近侧，让其屈膝仰卧。

（4）护理员戴手套，绞干毛巾。

（5）擦洗会阴（由外向内，由上向下，先远侧后近侧）。

（6）撤去用物，脱手套，协助老年人穿裤或按需协助老年人更换内裤。

（7）整理床单位，协助老年人躺卧舒适。

（8）整理用物，分类处置。

（9）护理员洗手。

注意事项

（1）清洁由上而下，由前向后擦洗（以免粪便污染尿道，造成泌尿系统感染）。

（2）注意保暖，保护隐私。

6. 洗足

用物准备

毛巾、盆、温水（38~45℃）、浴巾、洗手液、润肤露。

环境准备

按需关闭门窗，室温（24~26℃）。

老年人准备

告知老年人操作目的及配合要点。

操作流程

（1）老年人卧床

①先洗近侧足，顺序为：屈膝→铺浴巾→置盆→泡足→撤盆→擦足背→擦足心→擦趾缝→擦干。同法洗远侧足。

②涂润肤露。

③整理床单位，协助老年人躺卧舒适。

④整理用物，分类处置。

⑤护理员洗手。

（2）老年人取坐位

①置盆→泡足→撤盆→擦足背→擦足心→擦趾缝→擦干。

②涂润肤露。

③协助老年人穿袜子（按需提供）。

④整理用物，分类处置。

⑤护理员洗手。

注意事项

（1）动作轻柔。

（2）注意趾缝的清洗。

（3）观察肢端血供状况。

7. 整理床铺

根据老年人实际情况按需提供。

具体参照“整理床铺”操作流程按需进行。

8. 协助脱衣

根据老年人实际情况按需提供。

具体参照“床上更衣”操作流程按需进行。

（三）喂食

素质要求

着装整洁，无长指甲、手部不戴饰品，洗手，戴口罩。

用物准备

餐具（碗、筷、调羹），食物，围兜、毛巾或纸巾，小餐桌。

环境准备

环境整洁，室温 24~26℃。

老年人准备

告知老年人本次进餐的食物及配合要点。

操作流程

1. 为老年人戴上义齿（按需），服用餐前口服药（按需）。

2. 清洁老年人双手，按需在其胸前围围兜、毛巾或纸巾。

3. 调整老年人喂食体位

（1）坐位：嘱咐老年人身体向前微倾。

（2）轮椅坐位：协助老年人坐于轮椅中间，让其后背贴近椅背，系好安全带。

（3）床上坐位：将软枕垫于老年人后背及膝下，取舒适位。

（4）半卧位：将床头摇起，抬高至与床平面成 30°~45°（如床头无法摇起，则用枕头、靠垫等支撑老年人背部）。

（5）侧卧位：将床头摇起，抬高至与床平面成 30°，协助老年人侧卧，面向护理员，在老年人肩背部垫枕头、靠垫等。

4. 护理员取少量食物滴在手腕内侧皮肤上，以感觉温热、不烫手为宜。

5. 喂食

（1）喂食顺序：温水或汤→固体食物（饭、菜）→汤。

（2）喂食量、速度：根据汤勺大小（大勺约 1/3、小勺约 1/2）而定，确认口腔中食物完全吞咽后再次喂食。（如老年人视力有障碍，应逐一告知其食物的名称。）

6. 用餐完毕，为老年人漱口→擦嘴→撤围兜、毛巾或纸巾→擦手。

7. 取走食盘。

8. 整理用物，分类处置。

9. 护理员洗手。

注意事项

1. 对咀嚼退化和吞咽功能有障碍者要将食物切碎、搅拌，并提供对应的食物。

2. 注意喂食的温度、量、速度。

3. 进餐后不能立即平卧，保持进餐体位 30 分钟（防止食物反流）。

4. 进食中，如发现呛咳立即停止喂食，如发生噎食现象立即进行急救处理并联系医生。

（四）鼻饲管喂食

素质要求

着装整洁，无长指甲、手部不戴饰品，洗手，戴口罩。

用物准备

鼻饲流质 200 mL、水杯注入温开水（38~40℃）、灌注器（注射器）、弯盘、纱布、止血钳、毛巾、别针、橡皮圈。

环境准备

室温（24~26℃）。

老年人准备

告知老年人操作目的及配合要点。

操作流程

1. 床头抬高 30°，取平卧位，协助老年人头偏向一侧。如有义齿应取下。

2. 颌下铺毛巾，取下包裹胃管的纱布，夹止血钳。

3. 检查鼻饲管是否在胃内：用灌注器（注射器）抽吸，见有胃液等。

4. 测试温度：护理员取少量流质滴在手腕内侧皮肤上，以感觉温热、不烫手为宜。

5. 灌注流质：用灌注器从水杯中抽取 20 mL 温开水→连接胃管缓慢灌注→抽吸流质缓慢推注（以食物的浓度、老年人的反应确定推注速度），速度为每分钟 10~13 mL，一般用抬高或降低灌注器来调节。

6. 清洁鼻饲管：灌注完毕→用灌注器从水杯中抽取 30~50 mL 温开水→缓慢注入，冲洗管腔→盖好盖帽。

7. 包扎胃管末端：将胃管末端抬高反折，用纱布包好后用橡皮圈缠紧，用别针固定于老年人枕旁。

8. 护理员洗手。

注意事项

1. 确认胃管在胃内后再进行鼻饲。
2. 每两小时一次，每次鼻饲量不超过 200 mL。
3. 如老年人出现恶心、呕吐等情况，即刻停止操作并联系医生处置。
4. 鼻饲后应维持喂食体位 20~30 分钟，以防呕吐。
5. 每日至少进行一次口腔清洁。
6. 操作用物每餐即清洗，保持清洁。

（五）床上擦浴

素质要求

着装整洁，无长指甲、手部不戴饰品，洗手，戴口罩。

用物准备

毛巾 3 条、浴巾 1 条、脸盆 1 个、脚盆 2 个、水桶 2 个［1 个水桶内注入温水（40~45℃）、1 个为污水桶］、干净衣裤等。

环境准备

关闭门窗，室温（24~26℃），拉幔帘或屏风遮挡。

老年人准备

告知老年人操作目的及配合要点。

操作流程

1. 铺浴巾于枕上，脸盆内注入温水，毛巾浸于盆内，拧干毛巾。
2. 擦拭面部：眼→额部→鼻部→两颊→耳后→颈部。
3. 脱上衣。
4. 擦拭两上肢：浴巾盖于老年人上半身→掀开盖于一侧上肢的浴巾进行擦拭→用

浴巾擦干→同法擦拭、擦干另一侧上肢。

5. 换水。

6. 擦拭胸腹部：盖被向下折叠→浴巾遮盖胸部→浴巾逐步掀开→由上而下擦拭胸腹部及两侧至大腿根部（双乳间呈“∞”擦拭）→用浴巾擦干。

7. 擦拭背臀部：盖被向上折叠→协助老年人翻身侧卧→浴巾铺于背臀下→向上反折遮盖背臀部→擦拭背臀部→用浴巾擦干。

8. 穿干净上衣。

9. 换盆、换水、换毛巾。

10. 擦洗两下肢：协助老年人取平卧位→浴巾垫于两下肢→盖好盖被→暴露一侧下肢→擦拭一侧下肢→用浴巾擦干→同法擦拭另一侧下肢→用浴巾擦干。

11. 清洗足部：浴巾垫床尾→将老年人一足浸泡水中清洗→将另一足浸泡水中清洗→用浴巾擦干。

12. 换盆、换水、换毛巾。

13. 擦拭会阴部：脱裤→浴巾垫于老年人臀部→按顺序擦净、擦干。

14. 穿干净裤子。

15. 协助老年人饮水。

16. 整理床铺，协助老年人躺卧舒适。

17. 整理用物，分类处置。

18. 护理员洗手。

注意事项

1. 擦浴过程中适时换水、换巾、换盆。
2. 皮肤皱褶处应擦洗干净。
3. 擦洗时，毛巾擦两遍，浴巾擦一遍。
4. 动作轻柔，减少翻动。
5. 盆、巾专用，即时清洗。

（六）翻身叩背排痰

素质要求

着装整洁，无长指甲、手部不戴饰品，洗手，戴口罩。

用物准备

软枕或棉圈，温水一杯。

环境准备

关闭门窗，室温（24~26℃），拉幔帘或屏风遮挡。

老年人准备

告知老年人操作目的及配合要点。

操作流程

1. 协助老年人翻身：护理员站于床边一侧，放下近侧床护栏，将枕头移至远侧，协助老年人近侧手臂放于枕边，远侧手臂放于胸前，远侧下肢搭在近侧下肢上，护理员一手置于老年人肩部，另一手置于老年人髋部向近侧翻转，使老年人呈侧卧位，在受压部位摆放软枕或棉圈。

2. 为老年人叩背排痰：护理员五指并拢呈握杯状，利用腕力快速有节奏地叩击老年人背部，每次 10 分钟左右。

（叩背时，从下至上、从外至内，避开肾部区域，勿在脊柱、骨突部位进行）。

3. 指导老年人有效咳嗽：指导老年人身体稍向前倾→深吸气→屏气 3~5 秒→按压上腹部 2~3 次→短促用力咳嗽。

4. 密切观察老年人生命体征、呼吸情况。

5. 鼓励老年人多饮水。

6. 协助老年人躺卧舒适，整理床单位。

7. 整理物品，分类处置。

8. 护理员洗手。

注意事项

1. 翻身动作轻巧，变换体位时避免拖、拉、推等粗暴动作。

2. 叩背力度适宜，部位准确。

3. 如老年人痰液黏稠、不易咳出，可多饮水。

4. 移动老年人时注意安全，防止其坠床。

5. 操作过程中经常与老年人沟通，发生异常及时停止操作并联系医生。

6. 注意保暖，防止受凉。

（七）压疮预防（卧床）

素质要求

着装整洁，无长指甲、手部不戴饰品，洗手，戴口罩。

用物准备

毛巾、盆、热水、润肤露、各类垫圈或气垫床。

环境准备

酌情关窗，室温（24~26℃），拉幔帘或屏风遮挡。

老年人准备

告知老年人操作目的及配合要点。

操作流程

1. 协助老年人翻身侧卧，在其胸前放置软枕，保持体位稳定。

2. 掀开背部盖被，检查背臀部皮肤是否完好。

3. 用温热毛巾擦拭背臀部及其他受压部位，拉平衣裤。

4. 用手掌大小鱼际蘸少许润肤露做向心性按摩（从臀上方起沿脊柱旁向上按摩至两侧肩胛部），再转向下至髋部，按摩两遍。

5. 用手掌大小鱼际蘸少许润肤露，从骶尾部开始沿脊柱旁按摩至第七颈椎处，按摩两遍。

6. 观察全身及局部皮肤状况，根据情况摆放软垫或棉圈，或使用气垫床。

7. 床铺平整、干燥、无渣屑，必要时更换床单。

注意事项

1. 不要用刺激性大的碱性肥皂，可用清水或弱酸性沐浴露。

2. 对大小便失禁者，应及时清洗，肛周涂油剂保护。

3. 对活动能力受限或卧床者，应定时被动变换体位，每两小时一次。受压皮肤在解除压力30分钟后，压红不消退者，增加翻身频次。

4. 操作过程中经常与老年人沟通，发生异常及时停止操作并联系医生。

（八）开塞露通便

素质要求

着装整洁，无长指甲、手部不戴饰品，洗手，戴口罩。

用物准备

弯盘、开塞露、尿垫、手纸、手套。

环境准备

关闭门窗，室温（24~26℃），拉幔帘或屏风遮挡。

老年人准备

告知老年人操作目的及配合要点。

操作过程

1. 戴上手套。

2. 协助老年人取侧卧位，将其臀部移至床沿，让其双腿屈曲，脱裤至膝部。

3. 托起老年人臀部，在其臀下铺一次性尿垫或卫生纸。

4. 取下开塞露盖帽，挤出少许药液润滑开塞露前端。

5. 左手分开老年人臀裂，暴露肛门，右手持开塞露球部，挤出少量药液润滑肛门口→嘱咐老年人深呼吸→将开塞露前端缓慢插入肛门深部（至开塞露颈部）→挤压开塞露球部，将药液全部挤入→一手取卫生纸至肛门处，另一手快速拔出开塞露外壳→将开塞露放入弯盘，用卫生纸擦净肛门。

6. 嘱咐老年人保持侧卧位约10分钟（时间以老年人的耐受力而定），再行排便。

7. 整理床单位。

8. 开门窗，通风换气。

9. 护理员洗手。

注意事项

1. 操作时动作轻柔并充分润滑。

2. 注意保暖，保护隐私。

3. 操作过程中经常与老年人沟通，发生异常及时停止操作并联系医生。

（九）移动

1. 协助床上移动

素质要求

着装整洁，无长指甲、手部不戴饰品。

老年人准备

告知老年人操作目的及配合要点。

操作流程

（1）一人移动法（老年人四肢有一定活动能力，能予以配合）

①放平床头，协助老年人取仰卧位，将枕头横立于床头。

②嘱咐老年人双手抓住床头栏杆，双腿弯曲→护理员双脚分开，靠近床边→托住老年人肩背部和臀部→托起老年人→嘱咐老年人双脚蹬床，挺身上移。

③放回枕头，整理床铺。

④护理员洗手。

（2）两人移动法（老年人较重或无法配合）

①放平床头，协助老年人取仰卧位，将枕头横立于床头。

②移动老年人

A. 两人站在床的两侧：交叉托住老年人的肩颈部和臀部，同时抬起老年人移向床头。

B. 两人站在床的同侧：一人托住老年人的肩颈及腰部，另一人托住臀部和腘窝，同时抬起老年人移向床头。

③放回枕头，整理床铺。

④护理员洗手。

注意事项

操作过程中避免拖、拉、拽老年人，以免擦伤老年人皮肤或损伤老年人骨关节。

2. 借助辅助器具移动

（1）手杖使用

素质要求

着装整洁，无长指甲、手部不戴饰品。

用物准备

手杖。

老年人准备

告知老年人操作目的及配合要点。

操作流程

①步行

A. 手杖放于健肢前外侧→伸出手杖→抬腿迈出患足→迈出健足。

B. 手杖放于健肢前外侧→伸出手杖→抬腿迈出健足→迈出患足。

②上台阶：告知老年人健侧手扶台阶扶手→健侧下肢迈上一级台阶→手杖上移→患侧下肢上移。

③下台阶：告知老年人健侧手扶台阶扶手→手杖下移→患侧下肢下移→健侧下肢下移。

注意事项

①使用前检查把手、橡胶垫是否完好，高度是否合适。

②行走时避免拉、拽老年人胳膊，以免老年人跌倒。

③意识不清的老年人在行走时，需有他人陪同。

（2）步行器使用

素质要求

着装整洁，无长指甲、手部不戴饰品。

用物准备

步行器。

老年人准备

告知老年人操作目的及配合要点。

操作流程

①检查步行器装置是否完好，轮式步行器需固定轮子。

②步行器置于老年人正前方约 15 cm 处，调整步行器高度。

③协助老年人坐于床边，让其双足着地，躯干前倾。

④嘱咐老年人双上肢扶好把手，双足站于步行器的框架内。

⑤嘱咐老年人双上肢挪动步行器向前一定距离（25～30 cm），嘱咐老年人患足先行，健足跟上。重复该步骤进行。

注意事项

①遵从医生和康复师对步行器选择的建议。

②嘱咐老年人迈步时不要过于靠近步行器，否则会有向后跌倒的危险。

③上下肢衰弱、不协调或上下肢均受累而不能通过腕、手负重的老年人不宜使用步行器。

（3）轮椅转运

素质要求

着装整洁，无长指甲、手部不戴饰品。

用物准备

轮椅，按需备靠垫、毛毯等。

老年人准备

告知老年人操作目的及配合要点。

操作流程

①检查轮椅性能（轮椅架、车轮、轮胎、靠背、脚踏板、扶手、刹闸）。

②推轮椅至床边。轮椅摆放在健侧处，轮椅与床成30°~45°，刹闸制动，翻起脚踏板。

③协助老年人坐于床沿上→护理员双腿分开站立，屈膝下蹲→老年人双手扶在护理员肩臂部→护理员双手环抱老年人腰部→护理员双腿用力带动老年人平稳站立于床旁→护理员以身体为轴，转动并带动老年人转体→移至轮椅旁平稳坐下。

④护理员绕到轮椅后方→两臂从老年人背后两肋下伸入→协助老年人身体向椅背移动坐稳→让老年人双脚置于脚踏板上，扶好扶手→系上安全带，盖好毛毯。

⑤放松刹闸，与老年人交流沟通，并注意观察。

A. 上坡：护理员的腰稍弯，保持轮椅平稳，手握椅背把手慢用力，两臂保持屈曲，身体前倾，平稳向上推。

B. 下坡：采用倒车推行的方法，先将轮椅前轮调转方向，老年人背朝下坡方向，身体靠近椅背，护理员握住椅背把手，缓慢倒退行走。

C. 上台阶：右脚踩住后侧的杠杆，前轮翘起，移上台阶，待前轮过后双手抬车把带起后轮，再轻推后轮，即可平稳过去。

D. 下台阶：采用倒退下台阶的方法，嘱咐老年人抓紧扶手，护理员提起车把，缓慢地将后轮移到台阶下，再以两后轮为支点，稍翘起前轮，轻拖轮椅至前轮移到台阶下。

⑥至目的地→刹闸制动→翻起脚踏板→松解安全带→协助老年人离开轮椅。

⑦再次检查轮椅，将轮椅推回原处，以备下次使用。

注意事项

①检查零部件性能完好。

②上下轮椅时保证刹闸制动，翻起脚踏板；推行速度平稳均匀，移动过程中使用安全带。

③进出门或遇到障碍物时翘起前轮，避免过大震动。

④嘱咐老年人头、背向后靠，抓紧扶手，身体勿向前倾。

⑤转弯时，提前告知老年人“坐稳、扶好”并减速。

四、安全护理的预防措施及应急处置

（一）噎食的预防措施及应急处置

老年人咀嚼功能退化和吞咽功能障碍，导致进食过程中容易发生呛噎，护理员应做好安全护理。

1. 预防措施

（1）食料切配时应切小、切细、切碎，确保食物大小、长短适宜。提供的食物应酥软、易吞咽。

（2）有噎食风险的老年人应在护理员视线范围内进食，或由护理员协助其进食。

（3）喂食顺序正确，掌控正确的喂食体位、喂食量、喂食速度。

（4）关注老年人咀嚼和吞咽功能变化，提供对应的食物。

（5）告知老年人口中含有食物时避免大笑、讲话。

2. 应急处置

处置流程

（1）发生噎食时，采取以下方法急救，并通知医生。

①刺激舌根部法。食物堵塞在咽喉部时，可用汤勺柄刺激咽喉部，促使食物排出体外，或用中指和食指从口腔中抠出食物。

②中部拍打法。鼓励老年人咳嗽，让老年人弯身向前倾，头部保持在胸部水平以下。护理员一手放于老年人胸前，一手掌伸直在老年人的两肩胛骨间急拍4~6下，利

用重力作用使食物排出。

③海姆里斯救助法

A. 老年人意识清醒：老年人取立位或坐位，头部略低，张口；护理员站在老年人背后，双臂环抱老年人，一手握拳用拇指掌关节突出点顶住老年人腹部（在肋弓之下、肚脐之上），另一手从前方握住手腕（抓住握拳的那只手），用力向内、向上快速挤压；重复这一动作，直至食物排出。

B. 昏迷倒地的老年人：护理员两腿分开跪于老年人大腿外侧，将老年人头部偏向一侧，双手叠放按上述方法挤压腹部，可重复多次，直至食物排出。

（2）如噎食没有缓解，拨打120急救电话，送医院诊治；如噎食解除，加强观察。

（3）做好护理交接并记录。

（二）食品药品误食的预防措施及应急处置

由于老年人的生活习惯或认知功能障碍（或机构对药品管理不善），可能误食过期的食品药品，对老年人健康造成一定的风险，护理员应做好安全护理。

1. 预防措施

（1）食品

①食品按要求储存。

②散装食品必须放置于加盖容器中，也可以加封保鲜膜或置于保鲜袋内。

③督促、协助老年人定时清理，及时处置过期、变质、霉变食品。

④与家属沟通，及时处置不适宜老年人食用的食品。

（2）药品

①督促、协助老年人（照护等级为轻度者）定时清理并及时处置过期药品。

②需提供药物管理者，在合同中需有委托保管、发药的约定。

③接收外配的药品必须有医嘱，拒收过期药或零星散药。

④排药、发药严格执行“三查八对制度”。

2. 应急处置

处置流程

（1）发生食品药品误食情况时，立即通知医生。

（2）观察老年人状况，必要时送医院治疗。

（三）压疮的预防措施及应急处置

长期卧床或局部肢体活动不便的老年人，压疮发生率会明显增加，护理员要做好安全护理。

1. 预防措施

（1）加强蛋白质等营养素摄入。

（2）及时清理二便，保持皮肤清洁干燥。

（3）关注受压部位的皮肤状况，避免局部过度受压。

（4）受压部位的皮肤可给予局部按摩。

（5）垫气垫、衬垫，或使用气垫床。

（6）对需协助翻身者，每两小时翻身一次，特殊情况根据需要增加翻身频次。

（7）根据老年人身体状况定时给予坐位、卧位交替。

（8）床铺保持整洁、干燥、平整、无渣屑。

2. 应急处置

处置流程

（1）发生压疮时，通知医生、业务主管进行检查、诊断，酌情处理。

①淤血红润期：透明敷贴或减压保护。

②炎性浸润期：未破水疱应防止破裂，让其自行吸收；大水疱用无菌注射器抽吸后，用无菌辅料包扎；水疱破裂则消毒后敷贴。

③溃疡期：无菌生理盐水棉球擦拭伤口周围→无菌生理盐水擦拭伤口创面→无菌纱布擦干创面→涂抹敷料→覆盖贴膜。

（2）做好护理交接并记录。

注意事项

（1）根据老年人不同的卧位，重点观察骨隆突出部位和受压部位皮肤情况。

（2）根据伤口情况选择合适的伤口清洗液，并注意无菌操作。

（3）确定伤口换药的间隔时间。

（4）换药过程中，注意老年人病情变化，如有异常及时处理。

（5）床铺保持整洁、干燥、平整、无渣屑。

（四）烫伤的预防措施及应急处置

老年人由于生理、病理等因素影响，对物体表面温度的触觉、感知能力下降，导致防烫伤的意识不强，护理员应做好安全护理。

1. 预防措施

（1）高温设施设备应有防烫伤的防护措施，并在醒目处有防烫伤标志，避免老年人触碰高温设施设备和物品。

（2）进食时，食物温度掌控在45~50℃。

（3）沐浴时调节水温，应先开冷水后开热水。

（4）感觉功能障碍者不应使用热水袋，严禁老年人自行冲泡热水袋。

（热水袋必须装保护套使用，水温不大于50℃，盛水量不超过容量的3/4，冲泡后排尽袋内空气，拧紧塞子，擦干，然后检查有无漏水、破裂。）

2. 应急处置

处置流程

（1）立即脱离热源，同时通知医护人员。

（2）如有衣物附着，冷水浸泡后用剪刀剪开，再脱下衣物。

（3）流动水冲洗创面30分钟（创面无破损）。

（4）用干净的纱布把烫伤处盖住。

（5）医护人员到现场后观察烫伤的部位、面积、深度，提出处置意见。

①Ⅰ度烫伤：立即将烫伤处浸在冷水中进行“冷却治疗”（如不是手足部，可用毛巾包好，再在毛巾上浇水或用冰块敷），涂烫伤药膏。

②Ⅱ度烫伤：降温（冷却治疗），保护水疱（如水疱已破，用无菌纱布包裹冰块，冷敷伤处周围），立即就医。

③Ⅲ度烫伤：立即用清洁的被单包扎，不涂擦药物，立即送医（如神志不清者，拨打120急救电话）。

（6）做好护理交接并记录（记录烫伤的原因、面积、程度）。

注意事项

（1）不要着急脱去烫伤处的衣物，以免表皮随同衣物一起脱落。

（2）创面宜用无菌辅料或清洁被单覆盖或包扎，以免再受损伤或污染。

（3）有水疱时，不应挑破，防止感染。

注：

烫伤的局部症状如下。

- Ⅰ度烫伤：局部红、肿、热、无水疱、有烧灼感。
- 浅Ⅱ度烫伤：水疱较大，创面底部肿胀、发红、剧痛。
- 深Ⅱ度烫伤：水疱较小，皮肤温度稍低，创面呈红色或红白相间，感觉迟钝、微痛。
- Ⅲ度烫伤：形成焦痂，创面无水疱，皮肤温度低，感觉消失。

（五）跌倒的预防措施及应急处置

老年人由于生理、病理等因素影响，极易发生跌倒，跌倒可导致肌肉或韧带损伤、骨折、出血甚至威胁生命，严重影响老年人的生活质量，护理员应做好安全护理。

1. 预防措施

（1）光线充足，地面无湿滑、无障碍物，危险环境有警示标志。

（2）扶手无损、无缺，且能正常使用。

（3）肢体功能或认知功能有障碍者如厕时，应加强防范措施或按需配备助行器具。

（4）协助老年人变换体位时，动作要缓慢。

（5）使用辅助器具过程中注意安全防护。

（6）观察老年人服用药物后的反应。

2. 应急处置

处置流程

发现老年人跌倒，立即到老年人身边进行呼喊并安抚，暂时不要移动老年人。立即通知医生。

（1）老年人意识不清晰的处理办法

①立即拨打120急救电话。

②如有呕吐，立即将老年人头部偏向一侧，清理口鼻分泌物。以右侧为例：抬起老年人右胳膊放在头部一侧，左手放在右肩上，左腿屈曲，护理员双手分别放在老年人左肩及左膝，翻转老年人。

③观察有无呼吸、心跳、胸廓起伏。测颈动脉搏动方法为：用食指和中指从老年人气管正中向近侧滑2 cm至颈动脉处测有无搏动，10秒内完成。如呼吸心跳停止，立即进行心肺复苏（具体方法附后）。

④有外伤、肢体不能自主活动等情况，立即进行止血、包扎、固定等处理（用绷带或干净的布条、木板等物品）。

⑤做好护理交接并记录（记录跌倒的原因、处置过程、目前状况）。

（2）老年人意识清晰的处理办法

①询问其跌倒过程，如有呕吐，立即让老年人侧卧，清理口鼻分泌物。

②询问是否有头晕、头痛、恶心、胸痛、腰背痛等，检查是否有口角歪斜、言语不清等症状。如有以上现象或症状，不可立即扶起，应拨打120急救电话。

③检查受伤部位

A. 如有外伤出血，立即进行止血、包扎、固定。

B. 如肢体有疼痛，疑似有骨折情形，不要随意搬动，必要时联系医院诊治。

C. 如受伤程度较轻，可在医生指导下，将老年人缓慢移至床上，继续观察老年人的状况有无变化，视情况拨打120急救电话，送医院治疗。

④做好护理交接并记录（记录跌倒的原因、处置过程、目前状况）。

注意事项

1. 在医护人员到达前，不可轻易改变老年人跌倒的体位，以免加重伤势。
2. 保证按压力量、速度和深度。
3. 进行人工呼吸时，应避免漏气。
4. 担架搬运时，应持续做心肺复苏，中断时间不超过5秒。
5. 有自主循环、呼吸后，应停止心肺复苏；如无，则继续5个循环。

附：心肺复苏方法

操作流程

1. 将老年人放置于平整硬地面上，呈仰卧位。

2. 护理员跪立在老年人一侧，两膝分开。

3. 胸外按压

找准正确按压点：两乳头连线的中点部位，即胸骨中下端，右手或左手掌根紧贴老年人胸部中点，双手交叉重叠，五指翘起，双臂伸直。

利用上身力量，用力按压30次，速度100~120次/分钟，按压深度至少5 cm，按压过程中掌根部不可离开胸壁，以免引起按压位置波动而发生肋骨骨折。

4. 开放气道

将老年人头偏向一侧，检查是否有口鼻分泌物并进行清理，如有义齿需取下。

一只手放置在老年人前额处，并向下压迫，另一只手放在老年人下巴处，并向上提起，使其头部后仰、双侧鼻孔朝正上方即可。

5. 人工呼吸

在老年人口鼻处盖一层纱布→老年人保持头后仰姿势→用手捏住老年人鼻翼两侧→护理员深吸一口气，屏气→用双唇包裹老年人的口部（无空隙），向老年人口内吹气，使老年人胸廓扩张（每次吹气时应观察胸廓起伏）→吹气毕，松开紧捏老年人鼻翼的手指，倒转换气→再次吹气，吹气2次，同时观察胸部起伏情况。（每次吹气应持续1~2秒，不宜时间过长，也不可吹气量过大。）

6. 重复“胸外按压、开放气道、人工呼吸”动作，做5个循环（30次胸外按压和2次人工呼吸为一个循环）。

7. 每5个小循环检查一次呼吸、脉搏是否恢复，直到医护人员到场。

（六）坠床的预防措施及应急处置

认知障碍、躁动或自主翻身有困难的老年人极易发生坠床，护理员要做好安全护理。

1. 预防措施

（1）对有坠床风险的老年人重点观察与巡视。

（2）对意识不清或慢性病急性发作的治疗期老年人使用床护栏。

（3）对易伤及自身或他人的老年人实施保护性约束。

（4）体位性低血压者，嘱咐其起床活动前做到3个“半分钟”（醒后静卧半分钟，床上坐起半分钟，床沿站立半分钟）。

2. 应急处置

处置流程

（1）发生坠床时，立即报告医生。

（2）立即到老年人身边给予安抚。

（3）判断老年人意识是否清晰（轻拍老年人肩部，并加以呼喊，观察其有无应答），检查是否有外伤、触痛、肢体不能自主活动等情况。

①意识清晰：参考“跌倒”应急处置流程进行处理。

②意识不清晰：参考“跌倒”应急处置流程进行处理。

（4）做好护理交接并记录（记录坠床的原因、处置过程、目前状况）。

注意事项

（1）老年人坠床后，切勿随意搬动，保护其头部。

（2）进行人工呼吸时，应避免漏气。

（3）担架搬运时，应持续做心肺复苏，中断时间不超过5秒。

（4）有自主循环、呼吸后，应停止心肺复苏；如无，则继续5个循环。

（七）他伤和自伤的预防措施及应急处置

老年人由于心理、生理等多方面的原因，易引起情绪不稳定、焦虑易怒、坐卧不安、容易为一点小事难以自控或情绪悲观、无价值感等。此时往往会伤及他人或自身，护理员要做好安全护理。

1. 预防措施

（1）对新入住老年人进行环境适应的关怀。

（2）对情绪不稳定者进行干预疏导。

（3）发现老年人有他伤和自伤风险时及时干预，并告知家属。

（4）适时使用安全保护用具。

（5）对易造成伤害的器物实施有效管控。

2. 应急处置

处置流程

（1）发生老年人他伤和自伤时，应及时制止并视情况报警。

（2）观察老年人状况，必要时送医院急救。

（八）走失的预防措施及应急处置

认知有障碍的老年人极易走失，护理员应做好安全护理。

1. 预防措施

（1）对有走失风险的老年人应定时巡查，交接班核查，加强安全管理。

（2）对情绪和活动有异常的老年人应多观察、多沟通。

（3）老年人外出时均应办理相关手续，可为老年人建立信息卡（内容包括个人信息、机构信息、家属联系方式等）。

2. 应急处置

处置流程

（1）报告业务主管。

（2）立即在院内寻找，查看监控录像。

（3）在院内未找到，报告院部、家属、上级主管部门。

（4）求助所在地警署协助开展查找。

（5）找回走失的老年人后，应进行检查、分析原因，对症处理。

（九）文娱活动意外的预防措施及应急处置

由于老年人年老体弱，在活动开展过程中可能会出现身体不适或其他意外，护理员应做好安全护理。

1. 预防措施

（1）活动应有安全防范措施。

（2）活动开展时间不宜过长（兴趣小组活动不宜超过 1 小时，大型活动以 1~1.5 小时为宜）。

（3）准确评估老年人的活动耐受力，忌刺激性强、运动强度高的活动。

（4）器具能正常使用，无尖锐边角。

（5）活动场所地面平整，不应有高差，地面有防护措施。

2. 应急处置

处置流程

（1）发生意外时，应视情况按前述相应的应急处置流程予以处置。

（2）观察老年人状况，必要时送医院急救。

附件二

养老机构常规消毒一览表

执行部门	消毒区域	消毒类别、物品	消毒使用产品	消毒使用方法	消毒作用时间	消毒频率	注意事项
照护	照护区域	空气	自然风	开窗通风	30 分钟	2 次/日	冬季防止对流风
照护	照护区域	空气	机械通风	使用电风扇、排风扇	30 分钟	2 次/日	—
照护	照护区域	空气	空气消毒机	按使用说明书操作	—	1 次/日	—
医务	治疗室	空气	紫外线灯（悬吊式或移动式）	照射	30 分钟	1 次/日	消毒后开窗通风
厨房	备餐间	空气	紫外线灯（悬吊式或移动式）	照射	30 分钟	3 次/日	每餐前进行一次消毒
照护或后勤	居室	地面	250 mg/L 有效氯消毒液	拖拭	30 分钟	1 次/污染时	一般不消毒
照护或后勤	居室	地面	500 mg/L 有效氯消毒液	拖拭	30 分钟	1 次/终末消毒	一般不消毒
照护或后勤	卫生间	地面	500 mg/L 有效氯消毒液	拖拭	30 分钟	1 次/日	如有污物，先清除再消毒 消毒液作用 30 分钟后用清水拖拭 2 遍
照护或后勤	污物间	地面	500 mg/L 有效氯消毒液	拖拭	30 分钟	1 次/日	如有污物，先清除再消毒 消毒液作用 30 分钟后用清水拖拭 2 遍
照护或后勤	浴室	地面	500 mg/L 有效氯消毒液	拖拭	30 分钟	1 次/周	如有污物，先清除再消毒 消毒液作用 30 分钟后用清水拖拭 2 遍
医务	治疗室、处置室、药房	地面	500 mg/L 有效氯消毒液	拖拭	30 分钟	1 次/日	如有污物，先清除再消毒 消毒液作用 30 分钟后用清水拖拭 2 遍
医务	医疗废物暂存点	地面	1000 mg/L 有效氯消毒液	拖拭	30 分钟	1 次/转运后	如有污物，先清除再消毒 消毒液作用 30 分钟后用清水拖拭 2 遍
厨房	备餐间	地面	500 mg/L 有效氯消毒液	拖拭	30 分钟	2 次/日	如有污物，先清除再消毒 消毒液作用 30 分钟后用清水拖拭 2 遍
厨房	餐厅	地面	500 mg/L 有效氯消毒液	拖拭	30 分钟	2 次/日	如有污物，先清除再消毒 消毒液作用 30 分钟后用清水拖拭 2 遍
后勤	洗衣房	地面	500 mg/L 有效氯消毒液	拖拭	30 分钟	1 次/日	如有污物，先清除再消毒 消毒液作用 30 分钟后用清水拖拭 2 遍
后勤	电梯轿厢	地面	250 mg/L 有效氯消毒液	拖拭	30 分钟	1 次/日	如有污物，先清除再消毒 消毒液作用 30 分钟后用清水拖拭 2 遍
各部门	各区域	地面（疑似传染性）	2 000 mg/L 有效氯消毒液	拖拭	30 分钟	1 次/污染时	如有污物，先清除再消毒 消毒液作用 30 分钟后用清水拖拭 2 遍

续表

执行部门	消毒区域	消毒类别、物品		消毒使用产品	消毒使用方法	消毒作用时间	消毒频率	注意事项
各部门	其他区域	墙面		500 mg/L 有效氯消毒液	喷洒、擦拭	30 分钟	1 次/污染时	一般不消毒
后勤	浴室			500 mg/L 有效氯消毒液	喷洒、擦拭	30 分钟	1 次/周	如有污物，先清除再消毒
医务	医疗废物暂存点			500 mg/L 有效氯消毒液	喷洒、擦拭	30 分钟	1 次/转运后	
各部门或后勤	各区域	空调通风设备	电风扇、排风扇	250 mg/L 有效氯消毒液	擦拭	10~30 分钟	1 次/月（使用期间）	消毒前先去除积尘、污垢 集中空调系统由具备清洗消毒资质的专业机构完成
			分体空调（过滤网、过滤器）集中空调系统	250~500 mg/L 有效氯消毒液	冲洗、擦拭、浸泡	10~30 分钟	1 次/使用前后	
	照护区域、厨房	其他	冰箱	250 mg/L 有效氯消毒液	擦拭	30 分钟	1 次/月	消毒后，敞开冰箱门通风 30 分钟后可用
照护或后勤	卫生间（含公共）	卫浴设备	坐便器	500 mg/L 有效氯消毒液	擦拭	30 分钟	1 次/日	消毒液作用 30 分钟后用清洁布巾擦净 疑似传染性疾病：用 2 000 mg/L 有效氯消毒液
			洗手池（水龙头）	250 mg/L 有效氯消毒液	擦拭	30 分钟	1 次/日	
	浴室		浴椅	500 mg/L 有效氯消毒液	擦拭	30 分钟	1 次/使用后	
后勤	洗衣房	洗衣设备	洗衣机	250 mg/L 有效氯消毒液	浸泡	30 分钟	1 次/日	先清洗再消毒。放置被污染衣物盛器：用 500 mg/L 有效氯消毒液
			盛器（放置待洗、放置洁净）	250 mg/L 有效氯消毒液	擦拭	30 分钟	1 次/日	
照护或后勤	照护区域、餐厅、公共区域、电梯轿厢	物体表面	门把手、窗把手	250 mg/L 有效氯消毒液	擦拭	10~30 分钟	1 次/日	去除可见污染后再消毒，应喷洒至物体表面完全润湿，消毒液不得与清洁剂合用
			台面、桌椅扶手、水龙头	250 mg/L 有效氯消毒液	擦拭			
			电梯按钮、内壁	250 mg/L 有效氯消毒液	擦拭			

续表

执行部门	消毒区域	消毒类别、物品		消毒使用产品	消毒使用方法	消毒作用时间	消毒频率	注意事项
照护	照护区域	老年人	口杯	—	煮沸	20~30 分钟	1 次/周	也可使用消毒柜消毒（按使用说明书操作）
				100℃流通蒸汽	蒸汽	15~30 分钟		
				250 mg/L 有效氯消毒液	浸泡	30 分钟		
		日常用品	面巾、足巾		煮沸	15~30 分钟	1 次/周	先清洗再消毒，或毛巾置于盆内消毒（盆同步消毒）
				250 mg/L 有效氯消毒液	浸泡	30 分钟	1 次/周	
			面盆、足盆	250 mg/L 有效氯消毒液	浸泡	30 分钟	1 次/周	
			便器	1 000 mg/L 有效氯消毒液	浸泡	30 分钟	1 次/周	公用：1 次/使用后
			盛装吐泻物容器	500 mg/L 有效氯消毒液	浸泡	30 分钟	1 次/使用后	一人一专用
后勤	室外场地	文体活动用品	大型活动器具	250 mg/L 有效氯消毒液	擦拭	30 分钟	1 次/周	消毒液作用 30 分钟后，用清洁布巾擦净或流动水冲洗
照护	照护区域		木制活动用品	250 mg/L 有效氯消毒液	擦拭		1 次/周	
			塑料活动用品	250 mg/L 有效氯消毒液	浸泡	30 分钟	1 次/周	
			毛绒玩具	阳光/臭氧消毒机	暴晒	4 小时	—	臭氧消毒机按使用说明书操作
		织品	床刷套	250 mg/L 有效氯消毒液	浸泡	30 分钟	1 次/日	一床一巾
后勤	洗衣房		被污染衣物	500 mg/L 有效氯消毒液	浸泡	30 分钟	1 次/日	先消毒再清洗
			疑似传染性衣物	2 000 mg/有效氯消毒液	浸泡	60 分钟	1 次/发生后	
照护	照护区域	终末消毒物品	床垫、褥垫、被芯、枕芯	阳光	暴晒	大于 4 小时	终末消毒	2 小时翻面一次
				紫外线灯、医用床单位消毒机	照射	30 分钟		按使用说明书操作
			被套、枕套	500 mg/L 有效氯消毒液	浸泡	30 分钟		先消毒后清洗。疑似传染性疾病：用 2 000 mg/L 有效氯消毒液
			床单、防水单	500 mg/L 有效氯消毒液	浸泡			

续表

执行部门	消毒区域	消毒类别、物品		消毒使用产品	消毒使用方法	消毒作用时间	消毒频率	注意事项
照护	照护区域	终末消毒物品	床架、床边柜	500 mg/L 有效氯消毒液	擦拭	30 分钟	终末消毒	先消毒再用清洁布巾擦净。疑似传染性疾病：用 2 000 mg/L 有效氯消毒液
			橱柜、桌椅	500 mg/L 有效氯消毒液	擦拭			
			门把手、窗把手	500 mg/L 有效氯消毒液	擦拭	30 分钟		
			扶手	500 mg/L 有效氯消毒液	擦拭			
			生活垃圾	1000 mg/L 有效氯消毒液	喷洒	30 分钟		按生活垃圾分类处置
医务	治疗室	终末消毒物品	医疗用具（金属、橡胶、搪瓷、玻璃类）	常用临床消毒液	擦拭、浸泡、煮沸、高压灭菌	30 分钟	终末消毒	—
			体温计	2 000 mg/L 有效氯消毒液	浸泡、冲洗、擦干	—		
		台面		500 mg/L 有效氯消毒液	擦拭	30 分钟	1 次/日	—
		医疗用品	体温计	①2 000 mg/L 有效氯消毒液	浸泡	5 分钟	1 次/每次使用后	①浸泡取出后清洗、擦干，并甩至 35℃以下
				②2 000 mg/L 有效氯消毒液	浸泡	30 分钟		②浸泡后取出
				③冷开水	冲洗、擦干			③用冷开水冲洗、擦干，置于清洁盒内或酒精中浸泡备用
			体温计盛器	1 000 mg/L 有效氯消毒液	浸泡	30 分钟	1 次/周	浸泡 30 分钟后，用冷开水冲洗干净，晾干备用
			氧气湿化瓶（含内芯）	500 mg/L 有效氯消毒液	浸泡	30 分钟	1 次/周	使用中湿化瓶、湿化水及内芯每日更换消毒一次

续表

执行部门	消毒区域	消毒类别、物品		消毒使用产品	消毒使用方法	消毒作用时间	消毒频率	注意事项
医务	治疗室	医疗用品	止血带	1 000 mg/L 有效氯消毒液	浸泡	30 分钟	1 次/人	浸泡后用流动水冲洗干净，晾干备用
			治疗盘	—	煮沸	20 分钟	1 次/周	水开后计时
				250 mg/L 有效氯消毒液	浸泡	30 分钟	1 次/周	—
				消毒柜	照射	—	1 次/周	按使用说明书操作
			药盘	75%酒精	擦拭	—	1 次/周	—
			药杯	250 mg/L 有效氯消毒液	浸泡	30 分钟	1 次/周	一次性药杯不得重复使用
			血压计	75%酒精	擦拭	—	1 次/周	—
			听诊器	75%酒精	擦拭	—	1 次/周	—
医务	医疗废物暂存点	医疗废物处置用品	周转箱（桶）、储存设施、有关物品表面及环境	1 000 mg/L 有效氯消毒液	喷洒、擦拭	60 分钟	1 次/每次转运后	处置人员手与皮肤消毒：用 0.5% 碘伏溶液（含有效碘 5 000 mg/L）浸泡或擦拭 1~3 分钟
			仪器设备	500 mg/L 有效氯消毒液	擦拭	—		
			防护耐热用品	100℃流通蒸汽、121℃压力蒸汽	煮沸/蒸汽	20~30 分钟		
			防护耐湿用品（防护眼镜）	1 000 mg/L 有效氯消毒液	浸泡	30 分钟		
厨房	厨房间	餐用具	餐饮具、炊具、盛放直接入口食品的容器	—	煮沸/蒸汽	15~30 分钟	每餐餐后	水开后计时
				红外线消毒机	按使用说明书操作	—	—	—
				250 mg/L 有效氯消毒液	浸泡	30 分钟	每餐餐后	—
			餐车	500 mg/L 有效氯消毒液	擦拭	30 分钟	送餐前后	每日清洁、消毒

续表

执行部门	消毒区域	消毒类别、物品		消毒使用产品	消毒使用方法	消毒作用时间	消毒频率	注意事项
各部门	各区域	保洁工具	布巾	500 mg/L 有效氯消毒液	浸泡	30 分钟	1 次/日	浸泡后清洗、暴晒，晾干备用
			地巾	500 mg/L 有效氯消毒液				
			保洁桶（盆）	500 mg/L 有效氯消毒液				
照护	照护区域	吐泄物	呕吐物、排泄物（地面）	过氧化氢	覆盖	5 分钟	—	—
				2 000 mg/L 有效氯消毒液	喷洒、湿拖	—	—	对吐泄物周边进行喷洒、湿拖

附件三

上海市养老机构服务质量日常监测指标使用说明

一、日常监测指标项目内容

服务质量日常监测指标共分三大类，包括服务提供类、服务保障类、服务安全类，共90项内容。

“服务提供类”指标包括确定服务内容、日常照护、清洁卫生、预防保健、社交娱乐、心理/精神支持等项目，共35项。

“服务保障类”指标包括人员管理、入出院管理、收费管理、信息管理、感染管理、服务质量监督、服务质量评价与改进、设施设备完好、标志完好等项目，共30项。

“服务安全类”指标包括护理安全、膳食安全、设施设备安全、用电安全、燃气气瓶等安全、特种设备安全、消防安全等项目，共25项。

二、日常监测指标权重分布

服务质量日常监测主要是对服务品质的评价，各大类监测指标占总分的百分比各不相同。服务提供类指标占总分的50%，服务保障类指标占总分的30%，服务安全类指标占总分的20%。

三、监测指标的特点

服务质量日常监测指标主要是根据上海市地方标准DB31/T 685《养老机构设施与服务要求》制定的。

服务提供类指标主要日常监测各项服务的规范操作程度，服务保障类指标主要日常监测各项管理的有序运作程度，服务安全类指标主要日常监测各项安全措施的有效控制程度。

日常监测内容贯穿服务全过程，以规避风险为主线，内容上抓住了服务特性，过程中强化了服务动态，从服务现场看服务结果。

在监测中力争体验被服务对象“真实瞬间”的感受，从而了解机构在服务提供、服务保障、服务安全运作过程中的规范状况。

四、“服务质量日常监测指标”表单介绍

（一）监测内容及要点

针对各项监测指标的内容设置了若干个要点，日常监测以要点逐一展开进行评价。

（二）监测依据

设置了 A、B、C、D 四档。

A 档为各要点完全符合；B 档为重要的（权重占比大的）要点完全符合，个别要点部分符合；C 档为多个要点部分符合；D 档分三种情况，一是违反相关法律法规、强制性标准要求等（如消防、食品、卫生等相关要求），二是重要的（权重占比大的）要点不符合，三是各要点完全不符合。

各项目档次根据该项目内容的重要性或内容要点数目而设定，具体设置了 ABCD 四档、ABC 或 ACD 三档、AD 二档。

（三）项目分值

得 A 为 3 分，得 B 为 2 分，得 C 为 1 分，得 D 为 0 分。

（四）监测方法

日常监测方法采用现场查看、现场询问、现场查阅等形式进行评价。

五、各大类实际监测得分计算步骤

举例：服务提供类（共 35 项）

（一）查找未日常监测项目数：假设为 2（项）

（二）本大类日常监测项目总数：35−2＝33（项）

（三）本大类应得总分：3×33＝99（分）

（四）本大类现场监测得分：假设为85（分）

（五）本大类实际监测得分（权重为50%且以百分制计）：85÷99×100×50%≈42.9（分）

（六）三大类指标实际监测总得分

三大类指标实际监测总得分＝各大类指标实际监测得分之和。

六、不适用项认定

因客观原因，该项指标无法日常监测，则该项目认定为不适用项。

例如：机构未使用“高压灭菌锅”，则该项目作为不适用项处理，即此项目认定为未日常监测项目数。

七、服务质量日常监测等级划分

服务质量日常监测评价结果分为四个等级，其对应关系如下。

- 监测得分不低于85分，对应等级为“优秀”，以“大笑脸”表示。
- 监测得分70~84分，对应等级为“良好”，以“微笑脸”表示。
- 监测得分50~69分，对应等级为“一般”，以“平脸”表示。
- 监测得分50分以下，对应等级为“较差”，以“哭脸”表示。

附：上海市养老机构服务质量日常监测指标

上海市养老机构服务质量日常监测指标

评估单位________　　评估日期________

类目	项目内容	项次	监测内容及要点	监测依据	项目分值 A	B	C	D	监测方法
服务提供	确定服务内容	1	掌握入住老年人的照护情况 （①照护等级；②照护风险点；③照护内容）	A. 完全符合 B. 符合第①②点，部分符合第③点 C. 部分符合第②③点 D. 完全不符合					现场询问
	日常照护	2	掌握进食（饮水）过程中的主要管控要点 [①进食（饮水）体位；②进食顺序；③进食（饮水）温度、量、速度；④关注咀嚼和吞咽功能状态]	A. 完全符合 B. 符合第①②③点，部分符合第④点 C. 符合第①②点，部分符合③④点 D. 完全不符合第①点或第②点					现场查看 现场询问
		3	掌握晨晚间护理内容 （①晨间护理内容；②晚间护理内容；③注意事项）	A. 完全符合 B. 符合第①②点，部分符合第③点 C. 部分符合第①②③点 D. 完全不符合					现场询问
		4	掌握口腔清洁（擦拭清洁口腔）过程中的主要操作要点 （①清洁体位；②口腔清洁方法；③义齿清洁方法；④注意事项）	A. 完全符合 B. 符合第①②③点，部分符合第④点 C. 部分符合第①②③④点 D. 完全不符合第①点					现场询问
		5	掌握洗浴过程中的主要管控要点 （①洗浴禁忌；②室温、水温要求；③注意事项）	A. 完全符合 B. 符合第①②点，部分符合第③点 C. 符合第①点，部分符合第②③点 D. 完全不符合					现场询问
小计									

续表

类目	项目内容	项次	监测内容及要点	监测依据	项目分值 A	项目分值 B	项目分值 C	项目分值 D	监测方法
服务提供	日常照护	6	入住老年人容貌衣着状况 [①面部清洁、头发整洁；②指（趾）甲清洁；③手足部清洁；④衣着整洁、无异味]	A. 完全符合 B. 符合第①④点，部分符合第②③点 C. 部分符合第①②③④点 D. 完全不符合第④点					现场查看 现场询问
		7	掌握穿脱衣裤的主要操作要点 （①偏瘫者穿脱衣裤的方法；②卧床者穿脱衣裤的方法；③注意事项）	A. 完全符合 B. 符合第①②点，部分符合第③点 C. 部分符合第①②③点 D. 完全不符合					现场询问
		8	掌握排泄照护要点 （①排泄照护方式；②排泄照护要求；③便器使用、清洁与消毒）	A. 完全符合 B. 符合第①②点，部分符合第③点 C. 部分符合第①②③点 D. 完全不符合					现场询问
		9	掌握体位转移过程中的操作要点 （①体位转移方式；②各体位转移流程；③安全要点）						现场查看 现场询问
		10	掌握压疮预防要点 （①压疮预防要点；②院内压疮发生率） ＊院内压疮发生率需视情况分析，特殊情况除外	A. 完全符合 B. 符合第②点，部分符合第①点 C. 部分符合第①②点 D. 完全不符合第①②点					现场查看 现场询问 现场查阅
		11	床单位清洁及床上用品适宜状况 （①床单位清洁；②床上用品适宜）	A. 完全符合 B. 符合第①点，部分符合第②点 C 符合第②点，部分符合第①点 D. 完全不符合					现场查看
小计									

续表

类目	项目内容	项次	监测内容及要点	监测依据	项目分值				监测方法
					A	B	C	D	
服务提供	日常照护	12	居室内物品整理状况 （①物品分类放置；②物品整齐有序）	A. 完全符合 B. 符合第①点，部分符合第②点 C 符合第②点，部分符合第①点					现场查看
		13	照护区域内食品储存状况 （①食品无过期、变质、霉变现象；②食品按要求储存）	A. 完全符合 C. 符合第①点，部分符合第②点 D. 完全不符合第①点					现场查看
		14	24 小时巡视状况 （①巡视时间符合要求；②异常状况处置及记录要点）	A. 完全符合 D. 任何 1 点不符合					现场询问 现场查阅
		15	用药管理状况 （①药柜放置；②外配药品接收与登记；③药物保管；④药物排放；⑤药物发放）	A. 完全符合 B. 符合第①②③点，部分符合第④⑤点 C. 部分符合第①②③④⑤点 D. 完全不符合第②③④⑤点					现场查看 现场询问 现场查阅
		16	按需提供餐次及特殊餐食状况 （①餐次满足要求；②特殊餐食实时提供，有据可查；③特殊餐食种类符合要求）	A. 完全符合 B. 符合第①②点，部分符合第③点 C. 部分符合第①②③点					现场询问 现场查阅
		17	食谱兑现状况 （①食谱符合要求；②食谱兑现率达 90%；③食谱公示醒目）	A. 完全符合 B. 符合第①②点，部分符合第③点 C. 部分符合第①②③点					现场查看 现场询问 现场查阅
		18	食物提供符合老年人生理状况 （①块小、细碎、长短适宜；②酥软；③食材丰富）	A. 完全符合 C. 符合第①②点，部分符合第③点 D. 完全不符合第①点或第②点					现场查看 现场询问
小计									

续表

类目	项目内容	项次	监测内容及要点	监测依据	项目分值				监测方法
					A	B	C	D	
服务提供	日常照护	19	衣物洗涤规范状况 (①衣物分类收集；②衣物分类清洗；③疑似传染性衣物处置符合要求；④衣物盛器处置符合要求；⑤盛器、洗衣机、水池标志清晰	A. 完全符合 B. 符合第①②③④点，部分符合第⑤点 C. 部分符合第①②③④⑤点 D. 完全不符合					现场查看 现场询问
		20	24小时生活护理交接班记录状况 (①按照护单元建立生活护理交班本；②交接项目齐全；③书写规范) *照护单元以楼层为划分原则，跨楼层床位数不大于50床	A. 完全符合 B. 符合第①②点，部分符合第③点 C. 符合第①点，部分符合②③点 D. 完全不符合第①点					现场查阅
		21	呼叫铃应答及时状况 (呼叫应答及时)	A. 完全符合 D. 不符合					现场查看 现场询问
	清洁卫生	22	室内外环境整洁状况 [①空气清新，无异味；②地面、墙面洁净；③物体表面(门、窗、柜、桌椅、扶手)洁净；④室内外环境整洁]	A. 完全符合 B. 符合第①②③点，部分符合第④点 C. 符合第①点，部分符合第②③④点 D. 完全不符合第①点					现场查看
		23	照护区域内各类设备清洁、消毒状况 (①无异味；②清洁；③按规范消毒)	A. 完全符合 B. 符合第①②点，部分符合第③点 C. 符合第①点，部分符合第②③点 D. 完全不符合第①点					现场查看 现场询问
		24	掌握老年人日常用品及文娱活动用品清洁消毒要点 (①用品清洁；②消毒规范；③消毒剂管理符合要求)	A. 完全符合 B. 符合第①③点，部分符合第②点 C. 符合第③点，部分符合第①②点 D. 完全不符合第①点或第③点					现场查看 现场询问
小计									

续表

类目	项目内容	项次	监测内容及要点	监测依据	项目分值 A	B	C	D	监测方法
服务提供	清洁卫生	25	掌握终末消毒要点 （①终末消毒内容齐全；②终末消毒方法符合要求；③消毒剂管理符合要求；④有终末消毒记录）	A. 完全符合 B. 符合第①②③点，部分符合第④点 C. 符合第①②点，部分符合第③④点 D. 完全不符合第①点					现场查看 现场询问 现场查阅
	预防保健	26	健康档案的建立及记载情况 （①建立健康档案；②书写基本规范；③每月有动态记录）	A. 完全符合 B. 符合第①②点，部分符合第③点 C. 符合第①点，部分符合第②③点 D. 完全不符合第①点					现场查阅
		27	慢性病管理状况（内设医疗机构） （①有检测措施；②有健康指导措施；③有危重症救治措施）	A. 完全符合 B. 符合第①点，部分符合第②③点 C. 部分符合第①②③点 D. 完全不符合					现场询问 现场查阅
		28	掌握常用临床护理规范操作要点（内设医疗机构） （①项目齐全；②操作规范）	A. 完全符合 B. 其中6项及以上符合第①②点 C. 其中5项以下符合第①②点 D. 完全不符合					现场询问
		29	失能老年人日常训练状况 （①有计划；②有安全措施；③按计划落实）	A. 完全符合 B. 符合第①②点，部分符合第③点 C. 部分符合①②③点 D. 完全不符合					现场询问 现场查阅
		30	认知障碍老年人进行益智康复训练状况 （①有计划；②有安全措施；③按计划落实）						
		31	预防保健宣教实施情况 （①频次：每季度一次；②内容贴切；③有宣教记录）						现场查阅
小计									

续表

类目	项目内容	项次	监测内容及要点	监测依据	项目分值				监测方法
					A	B	C	D	
服务提供	预防保健	32	入住老年人体检状况 （①频次：每年一次；②有体检报告；③主要体检项目齐全）	A. 完全符合 B. 符合第①②点，部分符合第③点 C. 符合第①点，部分符合第②③点 D. 不符合第①点					现场询问 现场查阅
	社交娱乐	33	兴趣小组活动及大型活动开展情况 （①有年度计划；②符合体能特点；③大型活动每年两次；④大型活动有总结评价）	A. 完全符合 B. 符合第①②③点，部分符合第④点 C. 部分符合第①②③④点 D. 完全不符合					现场询问 现场查阅
	心理/精神支持	34	对新入住老年人环境适应关怀情况 （①熟知关注点；②新环境与起居介绍；③生活护理交班本有反映关注点情况的描述）	A. 完全符合 B. 符合第①②点，部分符合第③点 C. 部分符合第①②③点 D. 完全不符合					现场询问 现场查阅
		35	对老年人出现的情绪变化提供相应服务情况 （①熟知风险点；②有干预措施；③有处置记录）						
小计									
合计			本大类未日常监测项目数	（ ）项					
			本大类日常监测项目总数	（ ）项					
			本大类应得总分	（ ）分					
			本大类现场监测得分	（ ）分					
			本大类实际监测得分	（ ）分					

续表

类目	项目内容	项次	监测内容及要点	监测依据	项目分值				监测方法
					A	B	C	D	
服务保障	人员管理	1	主要岗位设置及人员资质符合要求情况 （①主要岗位设置齐全；②主要岗位人员资质符合要求）	A. 完全符合 B. 符合第①点，部分符合第②点 C. 部分符合第①②点					现场询问 现场查阅
		2	护理员配置及各时段当班状态与标准相符状况 （①护理员总数及各时段护理员配置；②护理员夜间当班状态）	A. 完全符合 C. 符合第②点，部分符合第①点 D. 完全不符合第②点					现场查看 现场询问
		3	各部门主要岗位职责制定齐全情况 （①岗位职责齐全；②岗位职责内容与实际工作相符；③岗位职责知晓度）	A. 完全符合 B. 符合第①②点，部分符合第③点 C 部分符合第①②③点 D. 完全不符合					现场询问 现场查阅
		4	员工教育培训情况 （①计划制订符合要求；②培训对象全覆盖，培训频次符合要求；③培训内容齐全；④培训效果显著；⑤记录完整）	A. 完全符合 B. 符合第①②③④点，部分符合第⑤点 C. 符合第①②③点，部分符合第④⑤点 D. 完全不符合第①点或第②点					现场询问 现场查阅
	入出院管理	5	入住老年人入院评估及持续评估情况 （①照护等级评估符合相关要求；②照护等级与老年人实际情况相符；③持续评估至少每年一次，且有评估记录）	A. 完全符合 B. 符合第①②点，部分符合第③点 C. 部分符合第①②③点 D. 完全不符合					现场查看 现场询问 现场查阅
		6	入出院管理的相关事宜知晓情况 （①熟知本岗位职责；②熟知合同内容；③知悉现行各项收费规定）	A. 完全符合 B. 符合第①②点，部分符合第③点 C. 部分符合第①②③点 D. 完全不符合第①点					现场询问
小计									

续表

类目	项目内容	项次	监测内容及要点	监测依据	项目分值				监测方法
					A	B	C	D	
服务保障	入出院管理	7	养老服务合同有效性情况 （①合同条款内容符合要求；②规范签订合同）	A. 完全符合 B. 符合第①点，部分符合第②点 C. 部分符合第①②点 D. 完全不符合第①点					现场查阅
		8	服务内容变更、合同终止记载情况 （①有相应的变更记载；②变更记载经双方确认）	A. 完全符合 B. 符合第①点，不符合第②点 C. 符合第②点，部分符合第①点 D. 完全不符合					现场询问 现场查阅
		9	老年人在院档案建立情况 （①建立入院档案；②建立出院档案；③资料齐全；④归档有序，装订整齐）	A. 完全符合 B. 符合第①②③点，部分符合第④点 C. 符合第①②点，部分符合第③④点 D. 完全不符合第①点或第②点					现场查阅
	收费管理	10	养老服务收费情况 （①收费项目、办法符合要求；②各项收费项目、标准在合同中有记载；③实际收费执行情况与合同约定及公示相一致；④价格调整符合要求；⑤收费公示符合要求）	A. 完全符合 B. 符合第①②③④点，部分符合第⑤点 C. 符合第①②③点，部分符合④⑤点 D. 完全不符合第①或②或③点					现场查看 现场询问 现场查阅
		11	保证金收取、使用情况 （①收取额度符合要求；②使用规范）	A. 完全符合 C. 任何1点不符合					现场询问 现场查阅
	信息管理	12	各类服务信息公示情况 （①公示信息内容完整、真实；②信息变化及时在相关平台更新；③公示醒目，布局合理）	A. 完全符合 B. 符合第①②点，部分符合第③点 C. 部分符合第①②③点 D. 完全不符合第①点					现场查看
小计									

续表

类目	项目内容	项次	监测内容及要点	监测依据	项目分值				监测方法
					A	B	C	D	
服务保障	感染管理	13	感染管理工作落实情况 （①成立感染管理小组；②各层面职责分工明确；③控制感染的措施到位；④疑似传染病处置符合规定	A. 完全符合 B. 符合第①②点，部分符合第③④点 C. 符合第①点，部分符合第②③④点 D. 完全不符合					现场询问
		14	工作人员（医护人员、食堂工作人员）手卫生状况 （①能正确洗手；②指甲符合要求；③不佩戴外露饰物；④有洗手设施）	A. 完全符合 B. 符合第①②③点，部分符合第④点 C. 符合第①②点，部分符合第③④点 D. 完全不符合第①或第②点					现场查看 现场询问
		15	食品管理符合监督管理规定情况 （①食品采购、查验、储存；②食品加工；③备餐间卫生；④餐用具清洗、消毒、保洁；⑤就餐区域备餐、分餐卫生；⑥餐厨废物处置）	A. 完全符合 B. 符合②③④⑤⑥点，部分符合第①点 C. 部分符合第①②③④⑤⑥点 D. 完全不符合					现场查看 现场询问 现场查阅
		16	一次性医疗用品及医疗废物的管理情况 （①一次性医疗用品采购符合要求；②一次性医疗用品使用符合要求；③医疗废物处置符合要求）	A. 完全符合 B. 符合第①③点，部分符合第②点 C. 部分符合第①②③点 D. 完全不符合第③点					现场查看 现场询问 现场查阅
		17	各类保洁工具分类使用、放置及清洁状况 （①分类使用；②分类放置；③清洁且按规定消毒；④标志清晰）	A. 完全符合 B. 符合第①②③点，部分符合第④点 C. 部分符合第①②③④点 D 完全不符合第①点					现场查看 现场询问
小计									

续表

类目	项目内容	项次	监测内容及要点	监测依据	项目分值				监测方法
					A	B	C	D	
服务保障	感染管理	18	重点区域环境卫生状况 （①无异味；②洁净；③消毒类别、方法符合相关要求） （重点区域包括卫生间、污物间、浴室、医务区域、医疗废物暂存点、厨房、洗衣房、电梯轿厢）	A. 完全符合 B. 符合第①②点，部分符合第③点 C. 符合第①点，部分符合第②③点 D. 完全不符合第①点					现场查看 现场询问
	服务质量监督	19	相关服务制度和流程制定情况 （①制度齐全；②主要服务操作流程齐全；③内容有针对性）	A. 完全符合 B. 符合第①②点，部分符合第③点 C. 部分符合第①②③点					现场查阅
		20	院长实施行政查房及部门负责人现场实施考核情况 （①能发现问题；②会分析原因；③有应对措施）	A. 完全符合 B. 符合第①②点，部分符合第③点 C. 部分符合第①②③点 D. 完全不符合					现场查看 现场询问
		21	服务质量考核情况 （①制定考核制度；②制定各岗位考核细则；③有实施考核记录且有汇总、分析记录；④院部有每半年一次的质量评价且有记录）	A. 完全符合 B. 符合第①②③点，部分符合第④点 C. 部分符合第①②③④点 D. 完全不符合					现场询问 现场查阅
	服务质量评价与改进	22	投诉处置情况 （①专人负责；②渠道畅通；③公示醒目；④及时处置有记录；⑤投诉汇总分析每半年一次且有记录）	A. 完全符合 B. 符合第①②③④点，部分符合第⑤点 C. 部分符合第①②③④⑤点 D 完全不符合					现场查看 现场询问 现场查阅
		23	相关服务制度、流程梳理情况 （①梳理每年一次；②梳理情况有书面报告）	A. 完全符合 C. 部分符合第①②点 D. 完全不符合					现场询问 现场查阅
小计									

续表

类目	项目内容	项次	监测内容及要点	监测依据	项目分值				监测方法
					A	B	C	D	
服务保障	服务质量评价与改进	24	满意度测评情况 （①频次不少于每年两次；②有测评报告；③有改进措施） ＊测评对象：占入住老年人与家属的10%	A. 完全符合 B. 符合第①②点，部分符合第③点 C. 符合第①点，部分符合第②③点 D. 完全不符合第①点					现场询问 现场查阅
	设施设备完好	25	室内外无障碍设施完好使用状况 （①设施无缺；②设施无损；③设施设计符合相关规定）	A. 完全符合 B. 符合第①②点，部分符合第③点 C. 部分符合第①②③点					现场查看
		26	主要场所设施设备配置完好使用状况 （①配置无缺；②设施设备无损） ＊主要场所指居室、单元起居厅、卫生间、浴室、污物处理间、照护站、医务用房、康复用房、活动用房、厨房、洗衣房、医疗废物暂存点、设备用房等	A. 完全符合 B. 符合第①点，部分符合第②点 C. 部分符合第①②点 D. 完全不符合					现场查看
		27	各区域照明设施完好使用状况 （①设施齐全；②设施无损；③设施安全） ＊各区域指居室、卫生间、浴室（含取暖设备）、出入口、平台、阳台、走道、楼梯等	A. 完全符合 B. 符合第①②点，部分符合第③点 C. 部分符合第①②③点 D. 完全不符合					现场查看
小计									

续表

类目	项目内容	项次	监测内容及要点	监测依据	项目分值				监测方法
					A	B	C	D	
服务保障	设施设备完好	28	紧急呼叫系统完好使用状况 （①安装无缺；②信号传输方式能满足需求；③安装位置适宜	A. 完全符合 B. 符合第①②点，部分符合第③点 C. 部分符合第①②③点 D. 完全不符合第①点					现场查看
		29	电梯无障碍设施完好使用状况 （①电梯按规定设置；②配置对讲机或电话等紧急呼叫装置；③按钮、扶手、镜面按规定设置且无损；④有电梯运行显示装置及报层音响；⑤无障碍标志按规定设置）	A. 完全符合 B. 符合①②点，部分符合第③④⑤点 C. 符合第①点，部分符合②③④⑤点 D. 完全不符合第①点					现场查看
	标志完好	30	各类标志完好使用状况 （①标志齐全且设置符合要求；②标志完好；③标志醒目） ＊标志包括通用符号、无障碍设施符号、安全标志、消防安全标志	A. 完全符合 C.. 部分符合第①②③点 D. 完全不符合					现场查看
小计									
合计			本大类末日常监测项目数	（　　　）项					
			本大类日常监测项目总数	（　　　）项					
			本大类应得总分	（　　　）分					
			本大类现场监测得分	（　　　）分					
			本大类实际监测得分	（　　　）分					

续表

类目	项目内容	项次	监测内容及要点	监测依据	项目分值				监测方法
					A	B	C	D	
服务安全	护理安全	1	建立突发事件的应急处置流程 （①各类应急处置流程齐全；②各类应急处置流程符合要求；③掌握应急处置流程） ＊应急处置流程至少包括噎食、食品药品误食、压疮、烫伤、坠床、跌倒、他伤和误伤、走失、文娱活动意外等	A. 完全符合 B. 符合第①②点，部分符合第③点 C. 符合第①点，部分符合②③点 D. 完全不符合第①点					现场询问 现场查阅
		2	安全保护用具的使用情况 （①使用程序符合要求；②使用规范；③知晓观察要点）	A. 完全符合 B. 符合第①②点，部分符合第③点 C. 部分符合第①②③点 D. 完全不符合第①②					现场查看 现场询问 现场查阅
		3	易造成伤害的器物处于完全管控状态 （①受控器物符合要求；②器物管控符合要求）	A. 完全符合 D. 任何1点不符合					现场查看 现场询问
		4	人员出入具体措施落实情况 （①入住老年人出入有规定；②外来人员来访有登记；③人员出入具体措施有效落实	A. 完全符合 B. 符合第①②点，部分符合第③点 C. 部分符合第①②③点 D. 完全不符合					现场查看 现场询问
	膳食安全	5	食品留样状况 （①餐次符合要求；②存放符合要求；③数量符合要求；④标志符合要求；⑤记录符合要求）	A. 完全符合 B. 符合第①②③点，部分符合第④⑤点 C. 部分符合①②③④⑤点 D. 完全不符合					现场查看 现场询问 现场查阅
		6	制订食物中毒应急预案 （①应急预案符合要求；②应急处置流程符合要求）	A. 完全符合 C. 符合第①点，部分符合第②点 D. 完全不符合第①点					现场询问 现场查阅
小计									

续表

类目	项目内容	项次	监测内容及要点	监测依据	项目分值				监测方法
					A	B	C	D	
服务安全	设施设备安全	7	室外健身区域及器具完好使用状况 （①健身器具无损；②地面防护符合要求）	A. 完全符合 C. 符合第①点，不符合第②点 D. 完全不符合第①点					现场查看
	用电安全	8	电器产品使用规范情况 （①未使用禁用电器产品；②使用中有管控措施；③使用中无安全隐患）	A. 完全符合 D. 任何1点不符合					现场查看
		9	电气防火检测情况 （每年有电气防火检测且有检测报告）	A. 完全符合 D. 不符合					现场查阅
	各类炉灶、气瓶等安全	10	使用燃气的设备及场所设置可燃气体报警装置情况 （①报警装置能完好使用；②每月有检测记录）	A. 完全符合 D. 任何1点不符合					现场查看
		11	燃气、燃油、电磁灶设施周围清洁状况 （①周围无油污；②周围无可燃物和杂物堆放）						现场查看
		12	燃气设施使用正确且定期维护保养情况 （①无私自拆改、移位；②管道无损；③维护保养有记录）						现场查看 现场查阅
		13	医用氧气瓶安全使用管理情况 （①存放符合要求；②使用规范；③标志符合要求）	A. 完全符合 D. 任何1点不符合					现场查看 现场询问
		14	50 kg液化气瓶安全使用管理情况 （①存放符合要求；②使用规范；③标志符合要求）	A. 完全符合 D. 任何1点不符合					现场查看 现场询问
小计									

续表

类目	项目内容	项次	监测内容及要点	监测依据	项目分值				监测方法
					A	B	C	D	
服务安全	特种设备安全	15	高压灭菌锅安全使用管理情况 （①有使用登记证；②操作人员有资质；③定期检测）	A. 完全符合 D. 任何1点不符合					现场查阅
		16	锅炉安全使用管理情况 （①有使用登记证；②操作人员有资质；③定期检测）	A. 完全符合 D. 任何1点不符合					现场查阅
		17	电梯安全使用管理情况 （①定期维护保养及年度检测工作有效落实；②有日常巡检记录；③标志齐全、清晰；④妥善保管钥匙	A. 完全符合 B. 符合第①②④点，部分符合第③点 C. 符合第①点，部分符合第②③④点 D. 不符合第①点					现场查看 现场查阅
	消防安全	18	消防安全教育培训活动开展情况 （①教育培训频次：每半年一次；②掌握消防知识）	A. 完全符合 C. 符合第①点，部分符合第②点 D. 不符合第①点					现场询问 现场查阅
		19	消防演练情况 （①频次：每半年一次；②有演练预案；③演练记录齐全）	A. 完全符合 C. 符合第①点，部分符合第②③点 D. 不符合第①点					现场查阅
		20	消防设施设备完好使用情况 （①灭火器、消火栓检查符合要求；②有日常巡查记录；③灭火器、消火栓状态完好）	A. 完全符合 D. 任何1点不符合					现场查看 现场询问 现场查阅
		21	门窗、安全出口、疏散通道、消防车道保持畅通情况 （①门窗禁止设置救援障碍；②通道口无堆积物；③防火门关闭功能完好）	A. 完全符合 D. 任何1点不符合					现场查看
小计									

续表

类目	项目内容	项次	监测内容及要点	监测依据	项目分值				监测方法
					A	B	C	D	
服务安全	消防安全	22	应急照明灯、应急疏散指示标志、疏散逃生图完好情况 （①应急照明灯设置符合要求；②疏散指示标志设置符合要求；③疏散逃生图设置符合要求；④设备均完好无损）	A. 完全符合 D. 任何1点不符合					现场查看
		23	室内严禁使用明火情况 （①室内无使用明火现象；②室内无吸烟且公共区域有禁烟标志；③室外有固定烟蒂丢弃处）	A. 完全符合 B. 符合第①②点，部分符合第③点 C. 符合第①点，部分符合第②③点 D. 不符合第①点					现场查看
		24	防火巡查、检查情况 （①日巡查内容及频次符合要求；②月检查内容符合要求；③记录符合要求）	A. 完全符合 B. 符合第①②点，部分符合第③点 C. 部分符合第①②③点 D. 完全不符合					现场询问 现场查阅
		25	重要部位安全技术防范措施落实情况 （重要部位安全技术防范措施有效落实）	A. 完全符合 D. 不符合					现场查看
小计									
合计			本大类未日常监测项目数	（ ）项					
			本大类日常监测项目总数	（ ）项					
			本大类应得总分	（ ）分					
			本大类现场监测得分	（ ）分					
			本大类实际监测得分	（ ）分					
总计			三大类日常未监测项目数	（ ）项					
			三大类日常监测项目总数	（ ）项					
			三大类应得总分	（ ）分					
			三大类现场监测总得分	（ ）分					
			三大类实际监测总得分	（ ）分					